¿Y quién es el Espíritu Santo?

Libros de la serie

«Preguntas que hacen los cristianos»:

¿Cómo será el fin del mundo? Y otras preguntas sobre los últimos tiempos y la segunda venida de Cristo

¿Donde estaba Dios cuando sucedió eso? Y otras preguntas sobre la bondad de Dios, su poder y su forma de obrar en el mundo.

¿El diablo me obligó a hacerlo? Y otras preguntas sobre Satanás, demonios y espíritus malignos

¿Está Dios en contra de los gays? Y otras preguntas sobre homosexualidad, la Biblia y atracción hacia personas del mismo sexo

¿Por qué tuvo que morir Jesús? Y otras preguntas sobre la cruz de Cristo y su significado para nosotros

¿Qué pasa cuando uno muere? Y otras preguntas sobre el cielo, el infierno y la vida venidera

¿Realmente existe el infierno? Y otras preguntas sobre el juicio, la eternidad y el Dios de amor

¿Y quién es el Espíritu Santo? Y otras preguntas sobre quién es Él y qué hace

¿Y quién es el Espíritu Santo?

Y otras preguntas sobre
quién es Él y qué hace

**Tim Chester y
Christopher de la Hoyde**

EDITORIAL
PORTAVOZ

La misión de *Editorial Portavoz* consiste en proporcionar productos de calidad —con integridad y excelencia—, desde una perspectiva bíblica y confiable, que animen a las personas a conocer y servir a Jesucristo.

Publicado originalmente en inglés por The Good Book Company con el título *Who on earth is the Holy Spirit? And other questions about who he is and what he does*, © Tim Chester y Christopher de la Hoyde / The Good Book Company, 2013. Traducido con permiso.

Traducción: Nohra Bernal

La letra cursiva o negrita en el texto bíblico es énfasis del autor.

EDITORIAL PORTAVOZ
2450 Oak Industrial Drive NE
Grand Rapids, Michigan 49505 USA
Visítenos en: www.portavoz.com

ISBN 978-0-8254-5924-5 (rústica)
ISBN 978-0-8254-6832-2 (Kindle)
ISBN 978-0-8254-7657-0 (epub)

1 2 3 4 5 edición / año 29 28 27 26 25 24 23 22 21 20

Impreso en los Estados Unidos de América
Printed in the United States of America

Contenido

Introducción

Gustavo estaba confundido. Hacía muy poco tiempo que era creyente. Estaba creciendo en su conocimiento de Jesús y se había integrado a una iglesia local. Pero se sentía intranquilo.

Poco después de convertirse en cristiano, escuchó que el Espíritu Santo venía a morar en todos los creyentes. Sin embargo, lo que las personas decían acerca del Espíritu Santo lo confundía; comentarios como «el Espíritu realmente me ayudó» o «siento que el Espíritu me ha mostrado algo que anda mal en mi vida».

A veces, en las reuniones de oración, se animaba a los asistentes a orar «conforme el Espíritu los guíe».

También leía en su Biblia acerca de «orar en el Espíritu», tener «gozo en el Espíritu» y ser «lleno del Espíritu».

Lo cierto es que él no estaba seguro de lo que todo esto significaba, o si alguna vez había experimentado tales cosas. ¿En realidad tenía Gustavo el Espíritu en ese momento? Más aún, *¿quién es, en realidad, el Espíritu Santo?*

¿Alguna vez te has sentido como Gustavo? Muchas personas están confundidas con respecto al Espíritu Santo: quién es, qué hace, cómo es Él y qué debemos esperar de Él. Muchas personas también se sienten incómodas cuando se habla acerca de Él.

En Gálatas 2:3-5, Pablo dice:

> ¿Acaso han pasado por tantas experiencias en vano? ¡No puede ser que no les hayan servido para nada! Vuelvo a preguntarles: ¿acaso Dios les da al Espíritu Santo y hace milagros entre ustedes porque obedecen la ley? ¡Por supuesto que no! Es porque creen el mensaje que oyeron acerca de Cristo (NTV).

El punto que señala Pablo en este pasaje es muy claro: *Ustedes empezaron a vivir la vida cristiana por la fe y en el Espíritu. Entonces, ¿por qué han retrocedido a vivir por la ley?* Todas las bendiciones que han recibido, las han recibido por la fe y por el Espíritu. ¿Por qué volver, pues, a otra forma de vivir?

Sin embargo, este argumento solo funciona si el Espíritu es una experiencia evidente. El versículo 2 no se aplica si los Gálatas no tienen la certeza de haber recibido el Espíritu. Pablo está apelando a la *experiencia* que ellos han vivido. Pablo les dice: Todos ustedes han experimentado la vida en el Espíritu. ¿Cómo fue posible esa experiencia? ¿Por la ley o por la fe? Por la fe. Lo que se da por descontado es que *todos ellos han vivido una experiencia con el Espíritu*. La obra del Espíritu no es una realidad invisible ni imperceptible.

¡Esto quiere decir que tú no puedes experimentar al Espíritu Santo sin darte cuenta!

Esto nos lleva a una pregunta importante: *¿He experimentado realmente al Espíritu Santo? Y ¿cómo es esa experiencia o cómo se vive la experimenta personal con el Espíritu Santo?*

Francis Schaeffer dijo alguna vez:

> *Supongamos que hoy nos despertamos y descubrimos que todo lo concerniente al Espíritu Santo y la oración ha desaparecido de la Biblia... ¿cómo cambiaría esto, en términos prácticos, nuestra manera de trabajar ayer y nuestra manera de trabajar hoy y mañana? ¿Cómo afectaría esto la mayor parte de la obra práctica y los planes de los cristianos?... ¿Acaso no se llevan a cabo muchas obras mediante el talento y la energía humanos, y las ideas ingeniosas? ¿Dónde queda lugar realmente para el poder sobrenatural de Dios?*[1]

Francis Chan lanza un cuestionamiento similar:

> *Si tú y yo nunca hubiéramos estado en una iglesia y solamente hubiéramos leído el Antiguo y el*

1. Citado en Edith Schaeffer, *L'Abri* (Carol Stream, IL: Tyndale, 1969), pp. 64-65.

> *Nuevo Testamentos, tendríamos serias expectativas acerca del Espíritu Santo en nuestras vidas... Si leímos y creímos lo que dicen, esperaríamos mucho del Espíritu Santo... Esperaríamos que nuestra nueva vida con el Espíritu Santo sea completamente diferente de nuestra vida vieja sin Él.*[2]

¿Nos estamos perdiendo de la plenitud de vida en el Espíritu?

Este libro tiene un doble propósito.

Infundir seguridad

Queremos darte seguridad. Para algunos de nosotros, la vida en el Espíritu suena intimidante. Parece que se tratara de una experiencia que nos resulta ajena. Pensamos en personas que tienen visiones o experimentan emociones intensas y toda clase de vivencias que parecen estar muy alejadas de nuestra realidad cotidiana. Conforme describimos en estas páginas la experiencia de vida en el Espíritu, esperamos describir *tu* experiencia. La vida en el Espíritu es la vida que tú llevas, que aunque no sea plena y perfecta, sí te permitirá reconocer la evidencia de la obra del Espíritu en tu propia vida.

Crear expectativa

Por otro lado, también queremos que seas mucho más consciente de la *obra* del Espíritu. En los últimos

2. Francis Chan, *The Forgotten God: Reversing Our Tragic Neglect of the Holy Spirit* (Colorado Springs, CO: David C. Cook, 2009), pp. 30-31.

años, las discusiones acerca del Espíritu Santo se han enfocado con frecuencia en un abanico limitado de temas. Trataremos algunos de ellos. No obstante, queremos concentrarnos en lo que consideramos las actividades *principales* del Espíritu.

Queremos nutrir tu expectativa frente a la obra del Espíritu en tu vida. Cuando ores, queremos que abrigues la expectativa de ver la obra milagrosa del Espíritu. Cuando hables acerca de Jesús, queremos que tu expectativa sea ver al Espíritu producir fe en los corazones. Cuando leas la Palabra de Dios, queremos que esperes que el Espíritu genere intimidad con el Padre. Cuando seas tentado, queremos que esperes que el Espíritu ponga en ti deseos diferentes.

En tu vida diaria, queremos que esperes que el Espíritu te muestre cómo puedes servir a otros en amor. Queremos que estés en capacidad de apelar a la experiencia del Espíritu, tal como hizo Pablo en Gálatas 3:2-5.

Capítulo 1

El Espíritu de vida

A Julia le gustaba mucho su nueva iglesia. Se sentía entusiasmada especialmente por el ministerio de ayuda a las personas sin hogar. Y estaba muy agradecida porque después de la primera reunión a la que asistió, la invitaron a regresar para una cena con un grupo de personas muy agradables. Sin embargo, al día siguiente se despertó con un extraño sentimiento de inseguridad. Hacia el final de la tarde, una de las mujeres le preguntó si ella tenía el Espíritu. Ella respondió: «Sí, eso creo». Entonces se dio cuenta de que esa respuesta tal vez no había sido la mejor. Ella pensaba que tenía el Espíritu, pero ya no estaba tan segura. *¿Cuál es la evidencia de que se tiene al Espíritu?*

Tal vez te identifiques con Julia. Te han dicho que tienes el Espíritu. Sin embargo, cuando oyes a las personas hablar acerca de la obra del Espíritu en sus vidas, empiezas a preguntarte si en realidad lo tienes. Veamos primero lo que dice Tito 3:3-7:

> Porque nosotros también éramos en otro tiempo insensatos, rebeldes, extraviados, esclavos de concupiscencias y deleites diversos, viviendo en malicia y envidia, aborrecibles, y aborreciéndonos unos a otros. Pero cuando se manifestó la bondad de Dios nuestro Salvador, y su amor para con los hombres, nos salvó, no por obras de justicia que nosotros hubiéramos hecho, sino por su misericordia, por el lavamiento de la regeneración y por la renovación en el Espíritu Santo, el cual derramó en nosotros abundantemente por Jesucristo nuestro Salvador, para que justificados por su gracia, viniésemos a ser herederos conforme a la esperanza de la vida eterna.

Todo lo que Dios hace, lo hace como Padre, Hijo y Espíritu. Dios es una unidad trina o trinidad, una unidad de tres personas. Todos los tres miembros de la Trinidad obran juntos en todo lo que Dios hace. Y no hay excepciones. ¿Quién rescata a los pecadores? ¿El Padre, el Hijo o el Espíritu? ¡Los tres juntos!

El Padre lo inició todo. El plan de salvación fue iniciado por su amor. Es su bondad que se ha manifestado. Y lo hizo todo «por Jesucristo nuestro Salvador». Pero es el Espíritu el que completa la obra. Es el Espíritu el que produce vida nueva en nosotros. El versículo 5 dice: «nos salvó... por el lavamiento de la regeneración y por la renovación en el Espíritu Santo, el cual derramó en nosotros abundantemente por Jesucristo nuestro Salvador».

El Espíritu da vida espiritual a personas que están muertas espiritualmente

Estábamos «muertos» en nuestros pecados. Así lo declara Pablo en Efesios 2:1. ¿Qué significa esto? Todos experimentamos un proceso de deterioro físico que termina en muerte. Un día nuestros cuerpos volverán al polvo. Pero no solo estamos muriendo físicamente. También estamos *muertos espiritualmente*. Éramos completamente incapaces de responder a Dios.

El año pasado mis hijos (habla Chris), que tenían entonces seis, cuatro y dos años, encontraron un pájaro muerto en el jardín. Habíamos estado leyendo acerca de Jesús cuando resucitó a Lázaro, de modo que decidimos hacer un pequeño experimento. Gritamos órdenes al pájaro tan fuerte como pudimos para ver si lográbamos que hiciera algo. «¡Levántate!», gritó Zac, mi hijo de dos años, con todas sus fuerzas. Nada sucedió. «¡Vuela!», exclamó Jethro. «¡Grazna!», gritó Elsa. *No hubo respuesta*. Podíamos gritar con tanta fuerza como quisiéramos. Pero el pájaro estaba muerto. No podía oírnos. No podía responder a nuestra voz.

Lo mismo nos ocurre a nosotros con Dios. Como explica Pablo en Tito 3:3, éramos «insensatos, rebeldes, extraviados, esclavos de concupiscencias y deleites diversos». Jesús «se dio a sí mismo por nosotros para redimirnos de toda iniquidad» (Tito 2:14). Antes eras esclavo de tu pecado, tu corazón estaba endurecido, eras incapaz de responder con fe. La muerte de Jesús era vana para ti.

¿Qué cambió? ¿Por qué confías ahora en Jesús? Porque llegó el día en que:

> [Dios te] salvó, no por obras de justicia que [tú hubieras] hecho, sino por su misericordia, por el lavamiento de la regeneración y por la renovación en el Espíritu Santo, el cual derramó en [ti] abundantemente por Jesucristo nuestro Salvador (Tito 3:5-6).

Por medio del Espíritu, Dios te dio un nuevo corazón, una nueva vida, nuevos deseos y nuevos amores. El Espíritu Santo te ha convertido en un ser vivo espiritualmente. Como resultado, has reconocido la belleza de Jesús y el poder de su obra, y tú te has vuelto a Él en una actitud de fe.

Hannah era una colega de trabajo de mi esposa. A ella le gustaba mucho pasar tiempo con nuestra congregación. Sin embargo, ¡el mensaje del evangelio sencillamente le parecía extraño!

Hicimos algunos estudios bíblicos con ella durante el verano y ella seguía viéndonos con sorpresa. Leíamos acerca de cómo Jesús caminó sobre el agua, resucitó de los muertos y ascendió al cielo. «¿Ustedes de veras creen todo eso?», preguntaba.

Más adelante nos contó que a ella le parecía una locura lo que creíamos y, a pesar de ello, seguía diciéndose a sí misma: «Estas personas parecen lo bastante razonables para poder conservar sus empleos». Entonces, un día, un miembro de nuestra comunidad la confrontó. Le dijo: «No esperes hasta que todas tus preguntas sean respondidas. Solo pregúntate si puedes confiar en Jesús».

Hannah fue a casa y ella relata cómo estando sentada en el piso de su sala, de repente supo que todo era verdad. En ese momento se volvió cristiana.

¿Qué sucedió cuando estaba allí sentada en el piso de su sala?

El Espíritu Santo vino sobre ella. No hubo una luz resplandeciente ni una voz audible, pero el Espíritu Santo vino a darle fe en Jesús.

A esto se refiere Jesús cuando dice: «De cierto, de cierto te digo, que el que no naciere de nuevo, no puede ver el reino de Dios» (Juan 3:3). Él explica: «Lo que es nacido de la carne, carne es; y lo que es nacido del Espíritu, espíritu es» (Juan 3:6). En otras palabras, el Espíritu nos da vida espiritual. Es como nacer de nuevo a una nueva vida.

La palabra teológica para referirse a este nuevo nacimiento es «regeneración». Y sin regeneración, simplemente *no podemos* ver el reino de Dios. Podemos oír todos los hechos posibles, pero no vemos a Cristo como nuestro Rey y Salvador. Para verlo, para percibirlo, para comprenderlo, necesitamos que el Espíritu Santo haga la obra en nosotros.

Implicaciones

¿Qué significa para nosotros esta obra del Espíritu que imparte vida? En primer lugar, significa que ***la salvación es obra de Dios de principio a fin***. Todo es por su gracia. El Padre lo planeó en su bondad. El Hijo lo compró en su amor. Y el Espíritu lo llevó a cabo en nuestros corazones duros y sin vida por medio de su gracia maravillosa. Dios no dice: «Ya hice mi parte. Ahora cumple tú mismo lo que hace falta». Él lo hace todo, de principio a fin.

En segundo lugar, significa que ***aun nuestra fe es un regalo de Dios***. «Porque por gracia sois salvos por medio de la fe; y esto no de vosotros, pues es don de Dios» (Efesios 2:8). Tú no depositaste tu fe en Jesús porque fueras sabio o inteligente. La única razón por la cual confiaste en Dios es porque Dios te dio vida nueva y puso fe en tu corazón. Y esa es la obra del Espíritu Santo. Dios dio a su Hijo para rescatarnos de su juicio. Dios da su Espíritu para que seamos movidos a asir el rescate que su Hijo ha obtenido.

El reformador del siglo XVI, Juan Calvino, lo expresa de esta manera:

> *... mientras Cristo está lejos de nosotros y nosotros permanecemos apartados de Él, todo cuanto padeció e hizo por la redención del humano linaje no nos sirve de nada, ni nos aprovecha lo más mínimo.*

Calvino afirma que para beneficiarse de lo que Cristo ha logrado es preciso que estemos unidos a Él. Cristo es como un cofre que contiene el tesoro, el lugar que contiene todas las cosas buenas que Él ha ganado en la cruz. Si queremos disfrutar de ellas, debemos estar unidos a Cristo. Y Calvino dice claramente que «lo conseguimos por la fe». Sin embargo, como dice Calvino, «no todos participan indiferenciadamente de la comunicación de Cristo, que nos es ofrecida en el Evangelio». Sin la intervención de Dios estamos muertos en nuestros pecados. De modo que es solo por medio de «la oculta eficacia y acción del Espíritu... mediante la cual gozamos de Cristo y de todos sus bienes».[1] El Espíritu nos une con Cristo por medio de la fe.

En tercer lugar, la obra del Espíritu significa que ***todo cristiano ha sido transformado por el Espíritu.*** Pablo dice:

> Si alguno no tiene el Espíritu de Cristo, no es de él. Pero si Cristo está en vosotros, el cuerpo en verdad está muerto a causa del pecado, mas el espíritu vive a causa de la justicia (Romanos 8:9-10).

En otras palabras, si no tienes al Espíritu no puedes ser cristiano. Pero si eres cristiano tienes el Espíritu. ¡Debes tenerlo! Porque solo el Espíritu da vida espiritual. La señal inequívoca de la obra del Espíritu en la vida de una persona es la fe en Cristo.

1. Juan Calvino, *Institución de la religión cristiana* (Rijswijk: FELIRE, 1999), 3.1.1.

Observa cómo Pablo subraya este punto:

> [Él] nos salvó... por el lavamiento de la regeneración y por la renovación en el Espíritu Santo, el cual derramó en nosotros abundantemente por Jesucristo nuestro Salvador (Tito 3:5-6).

Dios no solo envió su Espíritu para que influya en ti de manera esporádica. Él ha derramado sobre ti su Espíritu de manera generosa. ¡Estás bañado en el Espíritu! Sin importar cuán pequeño o débil te sientas como cristiano, tienes un futuro brillante por delante porque el Espíritu mismo de Dios mora en ti en toda su plenitud.

El Espíritu da vida en la creación

El credo niceno dice que el Espíritu es «el dador de vida». Hemos visto cómo el Espíritu da vida a los que están muertos espiritualmente. Sin embargo, el Espíritu también es el dador de vida en el resto de la creación.

> Y la tierra estaba desordenada y vacía, y las tinieblas estaban sobre la faz del abismo, y el Espíritu de Dios se movía sobre la faz de las aguas. (Génesis 1:2)

¿Tenían el Espíritu Santo los creyentes del Antiguo Testamento?

En el Antiguo Testamento, el poder de Dios venía sobre individuos con el propósito de equiparlos para liderar o rescatar al pueblo de Dios. Esto solo sucedía a algunos. El Antiguo Testamento promete que un día todo el pueblo de Dios recibirá el Espíritu de Dios a fin de que puedan conocerlo por sí mismos (Isaías 32:15; Jeremías 31:33-34; Ezequiel 36:24-27; 39:29). El Nuevo Testamento dice que esta promesa se cumplió en Pentecostés (Hechos 2:17-18; 33, 38; Gálatas 3:14).

Sin embargo, hemos visto que solo para tener fe es necesario que el Espíritu abra nuestros ojos. Si la mayoría de creyentes del Antiguo Testamento no tenían el Espíritu, ¿cómo podían ser creyentes? ¿Les fue dado el nuevo nacimiento por el Espíritu? Los cristianos han respondido este interrogante de diferentes maneras.[2]

- Los creyentes del Antiguo Testamento eran nacidos de nuevo y en ellos moraba el Espíritu Santo (John Owen, B. B. Warfield, Sinclair Ferguson).
- Los creyentes del Antiguo Testamento eran nacidos de nuevo y en ellos moraba el Espíritu Santo, pero los creyentes del Nuevo Testamento experimentan esto en mayor medida (Agustín, Juan Calvino, Wayne Grudem).

2. Ver James Hamilton, "Were Old Covenant Believers Indwelt by the Holy Spirit?", Themelios 30.1 (otoño, 2004), pp.12-22; http://resources.thegospelcoalition.org/library/were-old-covenant-believers-indwelt-by-the-holy-spirit.

- Los creyentes del Antiguo Testamento eran personas regeneradas, pero en ellos no moraba el Espíritu Santo (J. I. Packer, Bruce Ware).
- Los creyentes del Antiguo Testamento no eran nacidos de nuevo, pero el Espíritu les dio fe en las promesas de Dios. El Espíritu obró en ellos, pero no los llenó (Martín Lutero, Don Carson, Michael Green).

El Espíritu actuó en la creación impartiendo orden en medio del caos. En Génesis 6-8, Dios «deshace» el mundo en juicio contra el pecado de la humanidad. En la creación separó las aguas y la tierra, pero ahora las aguas anegaron la tierra de nuevo en un gran diluvio.

En Génesis 8:1 leemos que:

> Se acordó Dios de Noé, y de todos los animales, y de todas las bestias que estaban con él en el arca; e hizo pasar Dios un viento sobre la tierra, y disminuyeron las aguas (Génesis 8:1).

En este versículo, la palabra «viento» (que en hebreo es *ruach*) es la misma que se usa para referirse al Espíritu de Dios en Génesis 1. Cuando Dios vuelve a establecer su mundo después del juicio, una vez más es el Espíritu el que calma las aguas. Volvemos a ver esto en la historia del rescate de Israel de Egipto:

> Y extendió Moisés su mano sobre el mar, e hizo Jehová que el mar se retirase por recio viento

> oriental toda aquella noche; y volvió el mar en seco, y las aguas quedaron divididas. Entonces los hijos de Israel entraron por en medio del mar, en seco, teniendo las aguas como muro a su derecha y a su izquierda (Éxodo 14:21-22).

El Espíritu desciende como un viento, se mueve sobre las aguas y las separa para crear tierra seca. El Espíritu da forma al espacio en el que Dios crea o rescata a las personas. Siempre que vemos que se crea belleza, encontramos evidencia de la obra del Espíritu.

Sin embargo, el Espíritu no solo da forma a la creación; también sopla su aliento en ella. La palabra «Espíritu» puede significar «aliento», a la vez que «viento». Génesis 2:7 dice: «Jehová Dios formó al hombre del polvo de la tierra, y sopló en su nariz aliento de vida, y fue el hombre un ser viviente». En Génesis 7:22, tener «aliento de espíritu de vida en sus narices» es otra forma de referirse a la vida de las criaturas vivientes.

Job 33:4 dice: «El espíritu de Dios me hizo, y el soplo del Omnipotente me dio vida». De modo que el Espíritu de Dios da vida a todo lo que tiene vida en la creación. Cada vez que vemos que se crea vida, encontramos la evidencia de la obra del Espíritu.

Está dando vida ahora

Sin embargo, la obra que hace el Espíritu de dar vida no estuvo presente solo en el principio. Después que Adán y Eva desobedecieron a Dios, Él maldijo la creación y la muerte entró en el mundo. Por eso vivimos en un mundo de enfermedad y desastres. Con todo,

Dios sigue comprometido con su creación. El Salmo 104 alaba a Dios no solo por todo lo que ha hecho en la creación (vv. 5-9), sino también por sustentarlo (vv. 10-30). Cuando el salmo llega a la exhortación final a la alabanza, leemos estas palabras:

> Todos ellos esperan en ti,
> Para que les des su comida a su tiempo.
> Les das, recogen;
> Abres tu mano, se sacian de bien.
> Escondes tu rostro, se turban;
> Les quitas el hálito, dejan de ser,
> Y vuelven al polvo.
> Envías tu Espíritu, son creados,
> Y renuevas la faz de la tierra.
> (Salmo 104:27-30)

El Espíritu que sopló vida en la creación sin vida sigue soplando vida en la creación caída. Graham Tomlin lo explica en estos términos:

> *Después de la caída, habiendo quedado la creación sometida al fracaso, el Espíritu tiene otra función adicional: resistir el espíritu de muerte y destrucción, todo lo que busca deshacer los buenos propósitos de Dios para el mundo, y en lugar de eso renovar un mundo caído.*[3]

3. Graham Tomlin, *The Prodigal Spirit: The Trinity, the Church and the Future of the World* (London: Alpha International/St Paul's Theological Centre, 2011), p. 39.

El Espíritu nos da un anticipo de la vida en la nueva creación

El Espíritu que da vida a la creación también da a los cristianos un anticipo de la vida en la nueva creación. Mi madre solía pasar horas cosiendo etiquetas con mi nombre en el uniforme escolar. ¡Ella sabía que, de no hacerlo, yo lo perdería o me lo robarían! ***El Espíritu es el sello de Dios sobre nosotros.*** Él es como la etiqueta con el nombre de Dios, con la cual garantiza que somos suyos hasta el día de gloria.

En Efesios 1:13, Pablo dice: «habiendo creído en él, fuisteis sellados con el Espíritu Santo de la promesa». Las vacas y los esclavos eran marcados con un sello para mostrar quién era su dueño y protegerlos contra robo.

El Espíritu Santo es la marca de propiedad de Dios sobre nosotros. Él es la señal de que Dios nos protegerá hasta el día de la redención porque somos suyos. El Espíritu nos infunde la confianza de que somos parte de la familia de Dios.

En el versículo 14, Pablo cambia la imagen. Describe al Espíritu como «las arras de nuestra herencia hasta la redención de la posesión adquirida, para alabanza de su gloria».

Si pagas las arras de algo, te entregan un comprobante que confirma que es tuyo. Ya no pueden venderlo a nadie más. Es la garantía de que te pertenece, aunque todavía no lo hayas recibido. El Espíritu Santo es las arras de Dios para nosotros, la garantía de que Dios nos entregará nuestra herencia celestial.

Sin embargo, el Espíritu es más que las arras. Pablo usa una palabra que también significa *primera entrega.* Las arras vienen en forma de una primera entrega. El Espíritu nos da en el presente un anticipo de la realidad de la nueva creación, aunque solo es una fracción de lo que ha de venir. En Romanos 8:23, Pablo describe lo que ahora tenemos como las «primicias del Espíritu». ¡Se nos ha entregado una parte de lo que nos aguarda!

¿Por qué? ***¡Porque es la garantía de que realmente viene!***

Cuando un hombre entrega a una mujer un anillo de compromiso, ese anillo es la garantía de que va a casarse con ella. El Espíritu es garantía de nuestra herencia. Pero es más que eso. Un anillo de compromiso no es un anticipo del matrimonio. De modo que el Espíritu es más como el beso del ser amado, es tanto una garantía como un anticipo del matrimonio. O el regalo del Espíritu es como recibir la autorización de entrar en la cocina para probar un bocado del grandioso banquete que se está preparando. Las bendiciones del Espíritu son un anticipo del maravilloso banquete de Dios. Por medio del Espíritu podemos disfrutar desde ya una parte de la vida celestial en la comunidad cristiana.

Pero, ¿cómo es exactamente y cómo se experimenta? Eso es lo que exploraremos en el resto del libro.

¿Deben esperar los cristianos recibir el Espíritu Santo después de su conversión?

Este es un tema en el que hay desacuerdo entre los cristianos. En 1 Corintios 12:13, Pablo habla acerca de ser bautizados «por un solo Espíritu». Los cristianos pentecostales y algunos carismáticos creen que, después de nuestra conversión, debemos buscar una segunda experiencia de ser «bautizados en el Espíritu». Y muchos cristianos pueden señalar un momento en su vida en el que se volvieron conscientes de la obra del Espíritu en una nueva dimensión.

Otros cristianos creen que el «bautismo en el Espíritu» es simplemente una de las maneras como la Biblia describe la transformación interior o la «regeneración» que el Espíritu produce. Esta transformación es lo que conduce a la fe en Cristo, de modo que, por definición, todo cristiano ha recibido el Espíritu Santo.

Lo que está claro es que, sin el Espíritu Santo, *nadie puede volverse cristiano*. Esto no descarta las experiencias que han vivido algunas personas, pero *sí* quiere decir que no son necesariamente la norma para todo creyente.

Cualquiera sea tu punto de vista respecto a este asunto, todos podemos pedir a Dios una mayor obra del Espíritu en nuestras vidas. Esa obra puede ocurrir por medio de una experiencia impresionante o puede darse como un crecimiento gradual.

Capítulo 2

El Espíritu de Dios

Juan se sentía solo. Había resistido volverse a Jesús durante años, preocupado por las consecuencias que esto podría acarrear. Pero hacía dieciocho meses, al fin se había dado cuenta de que su vida era un desastre y que era incapaz de hacer algo al respecto.

No podía ser el esposo que deseaba ser, el amigo que quería ser, ni siquiera el empleado que esperaba ser. Se había vuelto a Jesús en arrepentimiento y fe. Y las cosas fueron grandiosas por un tiempo. Sus luchas con la ira parecían menguar. Se sentía capaz de soportar reveses con mayor facilidad.

Entonces su esposa lo abandonó por otro hombre, con el argumento de que él ya no era el hombre con quien se había casado. Luego perdió el trabajo que había tenido desde que había terminado sus estudios, y todos los amigos relacionados con su empleo desaparecieron. Tuvo que dejar su casa porque ya no podía pagar el alquiler. Y tuvo que deshacerse de su amado auto.

Juan pensó que ser cristiano solucionaría todo en su vida, que todo funcionaría mejor. Pero, al parecer, había sucedido lo contrario. Él contaba con el apoyo de su familia espiritual de la iglesia, pero cuando regresaba a su habitación de alquiler en la noche, Juan no podía negarlo. Se sentía completamente solo.

¿Te has sentido alguna vez como Juan?

Dios viviendo con su pueblo: la historia de la Biblia

En el fondo, la Biblia es la historia de cómo Dios viene a vivir con su pueblo. Es así en el principio. Dios está viviendo con los suyos, caminando en el huerto al aire del día (Génesis 3:8). Pero ocurre una catástrofe. Engañados por la serpiente, Adán y Eva se rebelan contra Dios. Son expulsados del huerto y quedan destituidos de la presencia de Dios. Los pecadores no pueden vivir en la presencia de un Dios santo.

Sin embargo, no todo está perdido. En el libro de Éxodo, Dios rescata a su pueblo elegido de la esclavitud en Egipto. Pero Él no solamente los rescata *de* la esclavitud. Los rescata *para* que tengan una relación con Él. El punto culminante del libro de Éxodo viene cuando la gloria de Dios llena el tabernáculo. Una vez más, Dios vive en medio de su pueblo en toda su gloria.

Con todo, hay un problema. Las personas siguen siendo pecadoras y Dios sigue siendo santo. De modo que no pueden entrar realmente en su presencia. Dios vive en medio de su pueblo. Pero ellos no pueden acercarse a Él: Dios dijo que si lo intentaban, Él los consumiría (Éxodo 19:22; 33:5).

El libro de Levítico presenta un complejo sistema de purificación y rituales para ilustrar esta verdad. Describe varios sacrificios mediante los cuales el pueblo puede acercarse a Dios. El centro de este sistema era el día de la expiación. En aquel día (y solo ese día), el sumo sacerdote (y solo el sumo sacerdote) podía entrar en el lugar más sagrado del tabernáculo, el lugar santísimo, que simboliza la presencia santa de Dios, para hacer expiación por los pecados del pueblo mediante un sacrificio. Cualquier paso por fuera de este sistema exponía al pecador al juicio, como descubrieron Nadab y Abiú, los hijos de Aarón, cuando ofrecieron «fuego extraño» (véase Números 3:2-4).

Para cuando apareció el profeta Ezequiel siglos más tarde, todo iba mal. Por causa de su pecado, el pueblo de Dios había sido deportado de la tierra que Dios les había dado. Y en Ezequiel 10, el profeta tuvo una visión de la gloria de Dios que abandona el templo. Un Dios santo no puede vivir en medio de un pueblo rebelde.

Sin embargo, aquí no termina la historia. En los últimos capítulos del libro de Ezequiel, Dios prometió un tiempo en el que derramaría su Espíritu sobre su pueblo en una forma completamente nueva (36:27; 39:29). Él promete restaurar a su pueblo para Sí y hacer que obedezca sus mandamientos. No solo esto, sino que Dios dio a Ezequiel una visión asombrosa: una nueva ciudad templo. Sin embargo, Ezequiel deja para el versículo final el punto culminante de la visión: «desde ese día, el nombre de la ciudad será: "El Señor está allí"» (Ezequiel 48:35, NTV).

Después de 70 años, el pueblo regresó a la tierra y el templo fue reconstruido. Con todo, era apenas una sombra difusa del templo antiguo, ¡ni qué hablar de la visión de Ezequiel de un nuevo templo! El pueblo de Dios persistió como antes en su obstinación. La profecía de Ezequiel no se había hecho realidad.

Hasta que un día, 400 años después, un hombre de Nazaret aparece en cercanías del río Jordán. El apóstol Juan llama a este hombre «el Verbo» de Dios (Juan 1:1). Él dice:

> Y aquel Verbo fue hecho carne, y habitó entre nosotros (y vimos su gloria, gloria como del unigénito del Padre), lleno de gracia y de verdad (Juan 1:14).

Dios ha venido a vivir en medio de su pueblo en toda su gloria, y lo ha hecho volviéndose hombre. La persona de Jesús es el lugar donde Dios habita ahora entre su pueblo (véase Juan 2:19-21).

Sin embargo, la historia no ha concluido aún. Jesús murió, resucitó y ascendió para estar con su Padre. Ya no vive físicamente en medio de su pueblo. La historia no estará completa hasta que Jesús vuelva y Dios haga su morada en medio de su pueblo para siempre (Apocalipsis 21:1-3).

Aun así, cuando Jesús partió para estar con su Padre, prometió: «he aquí yo estoy con vosotros todos los días, hasta el fin del mundo» (Mateo 28:20). Él les promete un anticipo del cielo. Por medio de la muerte y la resurrección de Jesús, Dios puede vivir con las personas, no solo de manera simbólica en la forma de un templo, sino de manera personal.

¿Cómo hace Jesús esto? ¿Cómo viene a vivir con los creyentes? Él cumplió su promesa en Pentecostés. Jesús no viene como tal, en persona, físicamente. En lugar de eso, el Espíritu hace presente a Cristo en los creyentes.

El objetivo de Dios a todo lo largo de la Biblia es formar un pueblo en el cual Él vive. Y el Espíritu es el que lleva a cabo estos propósitos en nuestra vida. En el Antiguo Testamento, el templo era el símbolo de la presencia de Dios en medio de su pueblo. El Nuevo Testamento describe la iglesia como el templo de Dios; nosotros somos ahora el lugar donde Dios mora en la tierra:

> En [Cristo] todo el edificio, bien coordinado, va creciendo para ser un templo santo en el Señor; en quien vosotros también sois juntamente edificados para morada de Dios en el Espíritu (Efesios 2:21-22).

Dios viviendo con su pueblo: la gloria de la obra del Espíritu

La víspera de su muerte, Jesús dijo a sus discípulos:

> Pero ahora voy al que me envió; y ninguno de vosotros me pregunta: ¿A dónde vas? Antes, porque os he dicho estas cosas, tristeza ha llenado vuestro corazón. Pero yo os digo la verdad: Os conviene que yo me vaya; porque si no me fuera, el Consolador no vendría a vosotros; mas si me fuere, os lo enviaré (Juan 16:5-7).

Trata de imaginar el desconcierto de los discípulos. Allí estaba su maestro y amigo anunciándoles las noticias de que iba a dejarlos. Sin embargo, Jesús les dice que en realidad era *mejor* para ellos que Él se fuera. Ellos debieron sentirse como una esposa que llega a casa y encuentra una nota de su esposo diciéndole que es mejor para todos que él la deje. *¿Cómo es posible que esto sea para su bien?*

La respuesta es que Jesús enviaría al Intercesor (Consejero), al Espíritu Santo, para reemplazarlo. El Espíritu Santo viviendo en ti es mejor que Jesús mismo caminando a tu lado. ¿Crees esto? ¡Yo soy consciente de que a veces yo no lo creo!

¿Qué significa ser lleno del Espíritu?

En Efesios 5:18, Pablo dice: «No os embriaguéis con vino, en lo cual hay disolución; antes bien sed llenos del Espíritu». ¿Qué significa ser lleno del Espíritu? El verbo «ser lleno» significa «seguir siendo lleno». No se refiere a una experiencia de una sola vez, sino a una vida llena del Espíritu. Pero, ¿qué implica esto? La clave es comprender que Pablo no está hablando a individuos, sino a una iglesia. Él no me está diciendo que sea lleno del Espíritu. ¡Está diciendo a mi iglesia que sea llena del Espíritu! ¿Cómo logramos llegar a ese estado? Pablo pasa a enumerar cuatro actividades que explican lo que significa ser llenos del Espíritu. Lo que dice en sentido más literal en Efesios 5:19-21 es:

> **Sed llenos del Espíritu, hablando entre vosotros con salmos, con himnos y cánticos espirituales, cantando y alabando al Señor en vuestros corazones; dando siempre gracias por todo al Dios y Padre, en el nombre de nuestro Señor Jesucristo. Someteos unos a otros en el temor de Dios.**

¿Es tu iglesia un lugar donde las personas se animan las unas a las otras con la verdad del evangelio? ¿Cantan alabanzas a Cristo con emoción? ¿Rebosan de gratitud a Dios por Jesús, aún en los tiempos difíciles? ¿Están tan inmersas en la gloria de Jesús que aman servir a los demás? Si es así, es una iglesia llena del Espíritu.

Observa que Pablo nos manda ser llenos del Espíritu. ¿Cómo hacemos esto? ¿Cómo nos volvemos una iglesia llena del Espíritu o permanecemos en ello? No esperes a que otros lo hagan ni te quejes de tu iglesia. Sé parte de la solución. Habla a otros acerca de Jesús. Recuérdense los unos a los otros el evangelio por medio de canciones que eleven los afectos. Canten alabanzas a Cristo con entusiasmo y energía. Dejen de lamentarse o quejarse y en lugar de eso propónganse dar gracias a Dios juntos. Pongan a los demás antes que a ustedes mismos. Y oren porque al hacerlo, el Espíritu avive los corazones de las personas con amor por Cristo.

Considera lo siguiente. Los discípulos habían pasado tres años con Jesús. Día tras día lo vieron, lo oyeron, lo tocaron. Con todo, seguían ciegos y no veían quién era Él. Pero gracias a la obra del Espíritu, Jesús vive en nosotros. *Y tener a Jesús viviendo en nosotros es mejor que tener a Jesús viviendo cerca de nosotros.* El Espíritu transformó a los discípulos que dejaron de ser desertores incrédulos para convertirse en testigos osados.

Por medio del Espíritu, Cristo está presente con todos los creyentes todo el tiempo (Romanos 8:9-10). Cuando las cosas se ponen difíciles, cuando pecamos, cuando alguien peca contra nosotros, cuando las personas nos rechazan, Cristo está presente en nosotros. Por medio del Espíritu, Cristo mismo vive en nosotros y susurra su palabra de esperanza en nuestros corazones.

Como hemos visto, el punto culminante de la profecía de Ezequiel es la declaración del nombre de la nueva ciudad: «El SEÑOR está allí» (Ezequiel 48:35, NTV). Estas palabras encuentran eco en la declaración de 1 Corintios 14:25: *«¡verdaderamente Dios está entre vosotros!»*. En la iglesia del nuevo pacto llena del Espíritu, Dios está realmente allí. Pero en 1 Corintios 14 no es un profeta el que hace este anuncio. ¡Es un incrédulo! Cuando Dios está presente con su pueblo, por medio de su Espíritu, el mundo lo nota. La vida de la comunidad cristiana llena del Espíritu hace brillar el evangelio.

Hechos 2:42-47 describe la primera iglesia llena del Espíritu. ¿Cuál fue la influencia que tuvo? «Y el Señor añadía cada día a la iglesia los que habían de ser salvos». Una iglesia llena del Espíritu desafía toda explicación natural. ¿Por qué? Porque algo sobrenatural exige una explicación sobrenatural. Y esa explicación es el evangelio. Son las buenas nuevas de que Cristo ha muerto y resucitado para que nosotros podamos ser reconciliados con Dios, y ahora Dios ha venido a habitar entre nosotros en la persona de su Espíritu: *¡Dios está verdaderamente entre nosotros!*

Ahora bien, ¿qué significa que Dios viva en nosotros por su Espíritu?

1. El Espíritu nos aparta para Dios

Una respuesta es que el Espíritu nos hace santos. Él es, después de todo, el Espíritu *Santo*, el Espíritu de santidad. La Biblia llama a esto «santificación», lo cual significa «ser hecho santo». La santificación comprende dos conceptos que se relacionan entre sí. Al primero se le llama a veces «santificación definitiva».

Nuestro huerto está lleno de macetas. Tienen todo tipo de usos: postes para jugar fútbol, sombreros e incluso bacinillas de emergencia cuando el baño está ocupado. Sin embargo, imagina que un día mi esposa escoge una de esas macetas para sembrar fresas. Ella la llena cuidadosamente de compost y siembra allí las plantas de fresa. Cada día la fertiliza y la riega. A partir de ese momento queda apartada para uso exclusivo de mi esposa. La maceta es especial. Los chicos y yo no podemos usarla como poste para nuestros juegos de fútbol. Nadie puede usarla para orinar de emergencia ni como sombrero. Es la maceta especial de mi esposa, apartada para su uso exclusivo.

Esto es la «santificación definitiva». Es lo que sucede cuando el Espíritu de Dios viene y hace su morada en nosotros. Dios nos aparta para su uso especial.

> ¿No sabéis que sois templo de Dios, y que el Espíritu de Dios mora en vosotros? Si alguno destruyere el templo de Dios, Dios le destruirá a él; porque el templo de Dios, el cual sois vosotros, santo es (1 Corintios 3:16-17).

El templo del Antiguo Testamento era un lugar santo, el lugar donde Dios habitaba. No podías hacer allí lo que te placía. Tenías que estar ceremonialmente limpio para entrar. Era un lugar apartado como un espacio para Dios. Pero ahora, dice Pablo, la iglesia es el templo de Dios. Es sagrado (o santo) para Dios. ¿Qué nos convierte en el templo santo de Dios? El hecho de que Dios vive en medio de nosotros. El Espíritu nos aparta como pueblo santo de Dios.

En 1 Corintios 6:18-20, Pablo también dice que *cada creyente individual* es templo del Espíritu Santo:

> Huid de la fornicación... ¿O ignoráis que vuestro cuerpo es templo del Espíritu Santo, el cual está en vosotros, el cual tenéis de Dios, y que no sois vuestros? Porque habéis sido comprados por precio; glorificad, pues, a Dios en vuestro cuerpo y en vuestro espíritu, los cuales son de Dios.

Has sido apartado para Dios. Así pues, no puedes vivir como se te antoja. ¡Debes vivir una vida santa porque ahora tu vida le pertenece a Dios!

2. El Espíritu nos hace más semejantes a Jesús

A pesar de lo anterior, hay un problema. Puede que seamos santos, apartados para Dios. Pero no vivimos vidas santas. Pecamos cada día de muchas formas.

La buena noticia es que el Espíritu no solo nos aparta para que seamos santos. ***También nos transforma.*** En el transcurso de nuestra vida, Él nos transforma para que lleguemos a ser el pueblo santo que Dios nos ha llamado ser. A veces a este proceso se le llama «santificación progresiva».

Antes de que conociéramos a Cristo, éramos incapaces de obedecer a Dios. Era imposible para la ley de Dios cambiarnos por causa de nuestra naturaleza pecaminosa. Estábamos esclavizados por el pecado. Pero Dios Padre envió a su Hijo. Por medio de su muerte y resurrección, Jesús nos liberó del castigo y del poder del pecado. Y ahora Dios Padre ha enviado el Espíritu de su Hijo. El Espíritu nos reviste de un poder nuevo y nos da deseos nuevos.

¿Cómo nos cambia el Espíritu? John Owens dice que el Espíritu provee «a los creyentes la experiencia de la verdad, la realidad y la excelencia de aquello que se cree».[1] Y al hacerlo, nos da fe para creer la verdad y un amor por Cristo que nos lleva a apartarnos de nuestro pecado y volvernos a Cristo.

Los mandamientos de Cristo se vuelven deleitosos para nosotros conforme Él se vuelve maravilloso para nosotros. Y es el Espíritu quien nos revela cuán hermoso es Cristo. De ese modo, como lo expresa Jeremías, su ley queda escrita «en nuestro corazón» (Jeremías 31:33).

Hace poco hablaba con una nueva cristiana que comentó que una de las primeras cosas que notó cuando recién se convirtió fue que ya no quería usar malas palabras. Antes acostumbraba blasfemar por todo. Pero cuando el Espíritu hizo su morada en ella, su deseo era usar sus palabras para honrar a Cristo y guiar a las personas a Él.

En mis años de infancia tuve un pequeño perro Jack Russell que se llamaba Remmy. Era todo blanco y tenía

1. John Owen, *The Holy Spirit*, versión abreviada y simplificada de R. J. K. Law (Edimburgo: Banner of Truth Trust, 1998), p. 106.

una oreja marrón, y yo lo amaba. Pero un día nevó. Y cuando lo dejé salir, me di cuenta de que no era blanco en absoluto. Mis padres fumaban. Y con el paso de los años mi hermoso perro había adquirido un horrible color amarillento por causa de la nicotina. Nunca antes me había percatado de ello. Pero ahora, en contraste con la nieve blanca pura, la coloración era evidente.

Lo mismo sucede con nuestro pecado. Cuando vemos cuán glorioso es Jesús, vemos nuestro pecado con mayor claridad. Y no nos gusta lo que vemos. Las cosas que antes nos parecían aceptables empiezan a parecer horribles. Si alguna vez has sentido convicción de pecado mientras lees tu Biblia o escuchas una predicación de la Palabra, eso fue obra del Espíritu. Esto significa que, aun cuando estás creciendo en santidad, puede que sientas que ocurre lo contrario: Entre más el Espíritu te revela a Cristo, más te sentirás incómodo e indignado respecto a tu pecado.

Antes creíamos las mentiras del pecado. Pero ahora el Espíritu abre nuestros ojos a la gloria de Cristo. Empezamos a reconocer por la fe que Dios ofrece más de lo que ofrece el pecado. Crecemos en santidad a medida que nos apartamos de nuestros deseos egoístas y, en lugar de eso, adoramos a Cristo. Esta es la obra del Espíritu: mostrarnos la verdad acerca de Cristo y hacer que Cristo nos resulte deseable, más deseable que la tentación. John Owen dice: «Esta es la gran obra del Espíritu Santo para con la iglesia. Él hace ver a Cristo glorioso en nuestros ojos».[2]

2. Ibíd., p. 36.

¿Cómo funciona esto en la práctica?

A medida que Susana lee la Palabra de Dios, el Espíritu imparte algo asombroso a su corazón. Ella no tiene que mendigar la aprobación de su jefe exigente, porque ya es amada y aceptada por Jesús gracias a la cruz. Puede descansar y dedicarse a servir en su trabajo.

Cuando Iván canta las canciones de adoración en su iglesia, el Espíritu le recuerda una verdad a la que nunca antes había prestado atención. Jesús tiene todo bajo control, aun la búsqueda de empleo de Iván. Así que él no tiene que inquietarse acerca de cómo pagar su alquiler. Puede descansar en la soberanía de su Salvador.

¿Cómo voy a cambiar para criar con paciencia a mis hijos aún cuando han destrozado el supermercado del vecindario? Solo con la ayuda del Espíritu puedo creer que no me justifico por el buen comportamiento de mis hijos, sino por la obra terminada de Jesús en la cruz. Y solo con su ayuda puedo atesorar a Cristo más que la opinión que los demás tienen de mí.

En Gálatas 5:16, Pablo dice que *si andamos en el Espíritu, no satisfaremos los deseos de la carne.* Él no nos está dando una orden. Está comunicando una hermosa promesa. Conforme el Espíritu te guía a Cristo, Él te dará nuevos deseos, deseos que conducen al fruto del Espíritu en tu vida: «amor, gozo, paz, paciencia, benignidad, bondad, fe, mansedumbre, templanza» (Gálatas 5:22-23). Conforme el Espíritu te guía a Cristo, empiezas a vivir como Cristo.

- Conforme el Espíritu lo guía a Cristo, el individuo que es adicto a la pornografía empieza a descubrir que lo cautiva una visión mejor: la visión de Cristo en toda su gloria y amor. Y así empieza a experimentar el fruto de la templanza en su vida.
- Conforme el Espíritu la guía a Cristo, la persona que lucha con la murmuración empieza a descubrir que no necesita humillar a otros porque tiene todo lo que necesita en Cristo. Y así empieza a usar sus palabras para amar a quienes la rodean.
- Conforme el Espíritu la guía a Cristo, la persona perezosa empieza a ver cómo cambian sus deseos. Quiere servir a Dios con cada gramo de energía que tiene, siguiendo el ejemplo de Jesús. Y de ese modo el fruto de la fidelidad empieza a aparecer en su vida.
- Conforme el Espíritu la guía a Cristo, la persona que teme dar testimonio a sus amigos empieza a sentir en su corazón el deseo de hablar para la gloria de Cristo. Su gozo en el evangelismo rebosa.
- Conforme el Espíritu lo guía a Cristo, el hombre que se enoja con sus hijos empieza a ser paciente con ellos porque se siente colmado frente al cuidado paciente y amoroso de Dios por sus hijos en Cristo.

En ocasiones, el cambio parece lento. John Owens dice:

> *El crecimiento de los árboles y las plantas ocurre de manera tan lenta que no es fácil observarlo. Diariamente notamos muy pocos cambios. Pero con el paso del tiempo vemos que ha ocurrido un gran cambio. Lo mismo sucede con la gracia. La santificación es una obra progresiva que toma toda la vida.*[3]

Nuestra función consiste en «andar en el Espíritu» (Gálatas 5:25). Debemos seguir el impulso del Espíritu que busca la santidad. Debemos escudriñar la Palabra de Dios para buscar de tal modo los tesoros de Cristo que Él sea nuestro deleite supremo. Debemos rodearnos de personas que nos hablen y que canten el evangelio (Efesios 5:18-19). Debemos usar el poder del Espíritu para hacer morir cualquier indicio de pecado en nuestra vida (Romanos 8:12-13). Si practicamos estas cosas, iremos a la par con el propósito del Espíritu en nuestra vida y no en contra de su plan.

Filipenses 1:6 dice que:

> el que comenzó en vosotros la buena obra, la perfeccionará hasta el día de Jesucristo.

Puede que en ocasiones te parezca que vas en retroceso. Puede que en ocasiones caigas en pecado y des-

3. Ibíd., pp. 108-109.

esperanza. Pero ten confianza, el Espíritu completará su obra en ti. ¿Por qué? Porque Dios lo ha prometido y porque el Espíritu ama glorificar a Cristo.

Capítulo 3

El Espíritu de amor

¿Te sucede a veces que clamas de manera espontánea a tu Padre celestial? Quizá te das cuenta de que has recaído en el mismo pecado. Quizá te enteras de que un hermano o hermana en Cristo enfrenta luchas. Quizá has contemplado un paisaje deslumbrante. Quizá te han contado que alguien por quien has estado orando durante años se ha convertido. O quizá oyes acerca de una horrible tragedia en las noticias. Y lo único que puedes hacer es clamar, de gozo o de angustia: «¡Padre!».

Esa es la obra del Espíritu. Cuando clamas «¡Padre!», el Espíritu te da testimonio de que eres hijo de Dios. No es solo en los momentos de gozo. Aquellos momentos cuando te sientes más perdido y a la deriva, cuando lo único que puedes hacer es clamar, es cuando realmente el Padre te acerca a Él por el Espíritu y te rodea en sus brazos.

1. La familia divina

¿Qué viene a tu mente cuando piensas en Dios? Muchas

personas piensan que Dios es un ser frío, distante e indiferente, o una fuerza. Piensan que es el Creador, pero después de encender el detonador del «big bang», se hizo a un lado a una distancia segura. Por el contrario, los cristianos creen que Dios se involucra de manera íntima con el mundo. Con todo, algunos cristianos empiezan con la idea de que Dios es un gobernante, un soberano al que estoy destinado a decepcionar. Definitivamente es verdad que Dios es Rey. Pero si ese es tu punto de partida, puede que lo respetes como Dios, pero no vas a amarlo. Podemos terminar pensando que Dios es un anciano solitario al que no le gusta que lo importunen.

Pero antes de que Dios fuera Creador y antes que fuera Rey, Dios era un Padre. Dios se volvió Creador y Rey cuando creó el mundo. Pero a todo lo largo de la eternidad Dios ha sido una Trinidad de personas en una relación, una familia eterna, una comunidad de amor. El Padre amó al Hijo antes de la creación del mundo (Juan 17:24) y el Hijo ama al Padre (Juan 14:31). El Padre está en el Hijo y el Hijo está en el Padre (Juan 17:21). El Padre envía al Hijo y el Padre da gloria al Hijo (Juan 17:21). El Hijo glorifica al Padre (Juan 17:4). Él conoce al Padre (17:25) y ruega al Padre (14:16). El Hijo está «en el seno del Padre» (Juan 1:18). El Hijo y el Padre tienen la relación más cercana y amorosa que pueda existir.

¿Y qué del Espíritu? ¿Es el equivalente divino del tercero en la relación al que nadie quiere? ¡Para nada! El Espíritu participa del amor que hay entre el Padre y el Hijo. En el bautismo de Jesús, el Padre declara su amor por el Hijo: «Tú eres mi Hijo amado; en ti tengo complacencia» (Marcos 1:11). ¿Y qué sucedió en la vida de Jesús justo antes de ese momento? Los cielos se abrieron y vino el «Espíritu como paloma que descendía sobre él» (Marcos 1:10). Como lo expresa Mike Reeves:

> *El Padre declara su amor por su Hijo, y su deleite en Él, y lo hace mientras el Espíritu reposa sobre Jesús. Porque la manera como el Padre da a conocer su amor es precisamente dando su Espíritu... todo es profundamente personal: El Espíritu despierta el deleite del Padre en el Hijo y el deleite del Hijo en el Padre, inflamando el amor de ellos uniéndolos en «la comunión del Espíritu Santo» (2 Corintios 13:14).*

El Espíritu vendrá en el nombre de Jesús como representante de Jesús (Juan 14:26). Él es «otro» Consolador (Juan 14:16). Tal como fue Jesús para con los discípulos amándolos, sirviéndoles y enseñándoles, de igual modo el Espíritu continuará ese ministerio en medio de ellos. De hecho, el Espíritu, el Hijo y el Padre están tan conectados entre sí que cuando Jesús habló a los discípulos acerca de la venida del Espíritu, dijo: «vendré a vosotros» (Juan 14:18). Y cuando habla del Espíritu que vendrá a morar en los discípulos, dice: «[el que obedece mi enseñanza] mi Padre le amará, y vendremos a él, y haremos morada con él» (Juan 14:23).

En el corazón de Dios existe una relación de amor entre el Padre, el Hijo y el Espíritu, al punto que Juan puede decirnos que «Dios es amor» (1 Juan 4:16).

¿Es el Espíritu Santo una persona o una fuerza?

La Biblia describe al Espíritu como la presencia de Dios o la forma como Él obra. En el Nuevo Testamento se hace referencia al Espíritu sin un artículo. Por ejemplo, en Juan 20:22 Jesús dice, en sentido literal, «recibid el Espíritu Santo». De modo que «Espíritu» y «soplo» podrían ser solo descripciones metafóricas del poder de Dios o de la presencia de Dios (de la misma forma que yo podría decir: «estaré con ustedes en espíritu»). ¿Es el Espíritu nada más una manera de referirse a Dios en acción o a Dios presente en medio de nosotros?

En el Antiguo Testamento, el Espíritu o el aliento de Dios se usa para describir la forma como Dios obra (Isaías 40:7; Zacarías 4:6). Pero el Espíritu también se diferencia de Dios (Génesis 1:2; Números 11:25; Salmo 104:30). El Espíritu no es solo una fuerza. Él mismo es el que obra.

En el Nuevo Testamento encontramos una imagen similar. El Espíritu se identifica tanto con el Padre como con el Hijo. Él es el Espíritu de Dios (Romanos 8:9, 11; 2 Corintios 3:3; 1 Juan 4:2) y el Espíritu de Jesús (Hechos 16:7; Romanos 8:9; Gálatas 4:6; Filipenses 1:19; ver también 2 Corintios 3:17-18). Mentir al Espíritu es mentir a Dios (Hechos 5:3-4). Jesús está presente con los discípulos por medio del Espíritu (Juan 14:18, 23). El Espíritu no llama la atención sobre Sí mismo. Su obra es «al Padre» (Efesios 2:18) y al Hijo. Él trae la presencia de Cristo en medio de su pueblo (Juan 14:16-18) y glorifica al Hijo (Juan 16:14).

Sin embargo, el Espíritu también tiene una identidad aparte del Padre y del Hijo (Marcos 1:12; 13:11; Lucas 4:1-2). Cuando Jesús es bautizado y el Padre habla desde el cielo, el Espíritu desciende sobre Jesús en forma de paloma (Mateo 3:16-17; Marcos 1:9-11; Lucas 3:21-22). El Espíritu escucha al Padre al mismo tiempo que Jesús (Juan 16:13). Él prohíbe a los apóstoles predicar en Asia (Hechos 16:6) y advierte a Pablo acerca de los sufrimientos que le esperan (Hechos 20:23). El Espíritu tiene una «mente» (Romanos 8:27). Los cristianos han de ser guiados por el Espíritu (Romanos 8:14; Gálatas 5:18). El Espíritu se distingue del Padre y del Hijo. Él es enviado por el Padre (Juan 14:16, 26; Gálatas 4:6) y es enviado por Jesús (Juan 15:26). Cuando Jesús regresa al Padre, el Espíritu viene en su lugar (Juan 16:7).

El Nuevo Testamento también deja claro que el Espíritu es una persona. En griego, la palabra «Espíritu» es neutra. Se debe hacer referencia con un pronombre neutro. Sin embargo, el Nuevo Testamento se refiere por lo general al Espíritu Santo como «Él» (Juan 14:26; 15:26; 16:8, 14). Jesús habla de Él como el *Paraclete*, una palabra griega que combina las ideas de «intercesor» y de «consolador» (Juan 14:16, 26). Jesús dice que el Espíritu es «otro Consolador» (Juan 14:16). En otras palabras, Él es un Consolador del mismo modo que Jesús fue un Consolador. El Espíritu se refirió a Sí mismo como cuando dijo «apartad*me* a Bernabé» y como sujeto tácito «yo» en la frase: «la obra a que los he llamado», cuando llama a los líderes de la iglesia en Antioquía a apartar a Pablo y a Bernabé (Hechos 13:2). Pablo advirtió acerca de no «contristar» al Espíritu Santo (Efesios 4:30). Las personas pueden hablar contra el Espíritu Santo, blasfemar de Él o mentirle (Mateo 12:32; Marcos 3:28-29; Hechos 5:1-11).

De manera que el Espíritu es una persona que se identifica con Dios y se distingue del Padre y del Hijo. ¿Qué significa esto para nosotros?

- El Espíritu es Dios, de modo que Dios mismo está presente en nosotros.
- El Espíritu no es el Padre ni el Hijo, de modo que el Espíritu puede hacer que Jesús esté presente en nosotros aunque esté en el cielo.
- El Espíritu es una persona, de modo que Dios está presente en nosotros de manera personal.

2. La invitación a la familia divina

La Trinidad no es una reunión santa privada. La familia divina nos invita a ser partícipes de ella.

Hace poco hubo grandes inundaciones en la ciudad donde vivo. Llovió sin parar durante dos días. El río se rebosó, el agua entró en las casas, los campos quedaron sumergidos y gigantescas pacas de heno fueron arrastradas por el agua. Había demasiada agua para que el río pudiera encauzarla, de modo que simplemente se desbordó.

En el evangelio, el amor de Dios se ha desbordado. El amor del Padre, del Hijo y del Espíritu no es un amor egoísta ni introvertido. Dios no es como las parejas que se casan y desaparecen de la sociedad. El Padre se deleita en compartir su amor. En su amor por el Hijo, se deleita en ver su Hijo que es amado por otros. Hay un diluvio de amor que se desborda y que acoge a quienes solo merecen la ira divina. Gracias a la obra del Hijo y del Espíritu somos invitados a participar de las relaciones de amor del Padre, el Hijo y el Espíritu. Dice Jesús a sus discípulos en Juan 14:18: «No os dejaré huérfanos; vendré a vosotros». Y Él viene a nosotros por el Espíritu.

Antes de que Jesús viniera e hiciera su morada en ti por el Espíritu eras un huérfano sin esperanza y sin Dios en el mundo (Efesios 2:12). Pero ahora, en virtud de la obra del Espíritu en ti, ya no eres un huérfano. Eres un hijo amado por el Padre celestial. Puesto que el Espíritu vive en ti, tú estás en Cristo y Cristo está en ti. Y puesto que Cristo está en el Padre, tú eres parte de la familia divina.

Este es el hecho extraordinario: *El Padre te ama con el mismo amor con el cual ama a su Hijo, Jesús.* Jesús ora por nosotros: «para que sean perfectos en unidad, para que el mundo conozca que tú me enviaste, y que los has amado a ellos como también a mí me has amado» (Juan 17:23).

Si ahora confías en Jesús, no podrías ser más amado por el Padre de lo que ya eres en este momento. Eres tan *amado* como Jesús y tan *seguro* como Jesús. Por medio del Espíritu Santo gozas de la misma relación íntima con Dios Padre que Jesús mismo ha tenido por toda la eternidad.

3. El Espíritu nos hace sentir parte de la familia divina

> Pero cuando vino el cumplimiento del tiempo, Dios envió a su Hijo, nacido de mujer y nacido bajo la ley, para que redimiese a los que estaban bajo la ley, a fin de que recibiésemos la adopción de hijos. Y por cuanto sois hijos, Dios envió a vuestros corazones el Espíritu de su Hijo, el cual clama: ¡*Abba*, Padre! Así que ya no eres esclavo, sino hijo; y si hijo, también heredero de Dios por medio de Cristo (Gálatas 4:4-7).

La salvación es un acto legal. Jesús cumple todos los requisitos legales para nuestra justificación por medio de su muerte y resurrección. Cuando nuestros amigos adoptaron a un niño, un día tuvieron que presentarse en la corte y esperar que la corte declarara que el niño era legalmente hijo suyo. «Dios envió a su Hijo, nacido de mujer y nacido bajo la ley, para que redimiese a los que estaban bajo la ley, a fin de que recibiésemos la adopción de hijos» (vv. 4-5). Nuestros documentos han sido aprobados: Somos legalmente hijos de Dios.

Pero Dios no quiere solamente que *seas* su hijo. Él quiere que tu *sepas* que eres un hijo, que *lo sientas*, que experimentes su amor y cercanía de Padre. Él envió a su Hijo para que nosotros pudiéramos ser sus hijos. Él envió «el Espíritu de su Hijo» para que nosotros pudiéramos saber que somos sus hijos. «Y por cuanto sois hijos, Dios envió a vuestros corazones el Espíritu de su Hijo» (v. 6).

Russell Moore cuenta la historia de cómo él y su esposa adoptaron a dos niños de un orfanato ruso:

Cuando mi esposa María y yo recibimos por fin la llamada para anunciar que el proceso legal había terminado, y regresamos a Rusia para recoger a nuestros nuevos hijos, descubrimos que su transición del orfanato a la familia fue más difícil de lo que habíamos esperado. Vestimos a los niños con ropa que nuestros padres habían comprado para ellos. Agradecimos al personal del orfanato y salimos de aquel lugar al aire libre, y los dos niños quedaron aterrorizados.

Nunca habían visto el sol, nunca habían sentido el viento. Nunca habían oído el sonido de la puerta de un auto cuando se cierra ni habían experimentado la sensación de ser llevados a gran velocidad por una carretera. Me di cuenta de que temblaban y que miraban hacia atrás al orfanato a lo lejos.

Yo le dije en susurro a Sergei, que ahora se llama Timothy: «¡Ese lugar es un foso! Si tan solo supieras lo que te espera: una casa con una mamá y un papá que te aman, abuelos y bisabuelos, primos y amigos, ¡y el menú infantil de McDonalds!».

Pero lo único que ellos conocían era el orfanato. Era un lugar mísero, pero no tenían otra referencia. Era su casa.

Comprendimos que los niños se habían acostumbrado a nuestra casa, que confiaban en nosotros, cuando dejaron de esconder comida en sus sillas altas. Ellos sabían que habría otra comida pronto y que no tenían que pelear por las sobras. Esa era su nueva vida.[1]

«Miraban hacia atrás al orfanato a lo lejos». Los niños tenían una nueva vida maravillosa. Pero no lo comprendían todavía, y por eso miraban hacia atrás al orfanato. Tenemos una vida maravillosa como hijos de Dios. Pero cuando perdemos de vista esta verdad, miramos a nuestra vida pasada. Nos preocupamos, escondemos comida en nuestras sillas, porque todavía no confiamos en nuestro nuevo Padre. O volvemos a nuestros antiguos hábitos pecaminosos porque todavía no comprendemos los privilegios y la dicha de ser un hijo de Dios.

Dios quiere que dejemos de mirar atrás. Por eso nos da el Espíritu Santo. Él quiere que dejemos de preocuparnos, que dejemos de escondernos y de vivir como esclavos, y que disfrutemos de su amor. El Espíritu es el Espíritu del Hijo. Él nos trata como a su Hijo. Él nos ayuda a experimentar la misma seguridad y el afecto que el Hijo divino recibe del Padre.

Al Padre no le interesa que cumplas con un deber. Lo que Él quiere es tu amor. Él no quiere que te comportes como un empleado que cumple con sus res-

---

1. Russell Moore, *Adopted for Life* (Wheaton: Crossway, 2009), pp. 43-44.

ponsabilidades. Él quiere que vivas como un hijo de la realeza. Él quiere que vivas como una princesa. Y por eso te da el Espíritu de su Hijo.

¿Cómo funciona esto? Pablo nos dice: «Y por cuanto sois hijos, Dios envió a vuestros corazones el Espíritu de su Hijo, el cual clama: ¡*Abba*, Padre!» (Gálatas 4:6). Pablo dice casi lo mismo en Romanos 8:15-16:

> Pues no habéis recibido el espíritu de esclavitud para estar otra vez en temor, sino que habéis recibido el espíritu de adopción, por el cual clamamos: ¡*Abba*, Padre! El Espíritu mismo da testimonio a nuestro espíritu, de que somos hijos de Dios.

Si alguna vez has sentido el deseo de orar a tu Padre celestial, es porque el Espíritu ha puesto ese deseo en tu corazón. Si alguna vez has sentido que la oración era más que palabras que llegan al techo, es porque el Espíritu te impartió la seguridad de que eres hijo de Dios. Si alguna vez has susurrado: «Gracias, Padre» cuando ves que tus amigos responden al evangelio o los cristianos crecen en su relación con Jesús, es el Espíritu recordándote tu maravillosa posición privilegiada en Cristo. Y si amas a Dios, ese amor por Dios está presente porque el Espíritu lo puso allí. Nada de esto empezó en ti; éramos por naturaleza enemigos de Dios. Tu amor por Dios es la prueba segura de su amor por ti.

Romanos 5:5 nos dice: «Pues sabemos con cuánta ternura nos ama Dios, porque nos ha dado el Espíritu Santo para llenar nuestro corazón con su amor» (NTV). Y si alguna vez has clamado «¡Padre!» en momentos de desesperación o necesidad, es el Espíritu dando testimonio a tu corazón de que tienes un Padre que escucha tus inquietudes y se interesa por tus necesidades.

Mientras yo (Chris) escribía este libro, mi madre murió. Ella era una de mis mejores amigas y el testimonio que me dejó en los momentos más difíciles de su vida fue uno de los instrumentos clave de la gracia que Dios usó para guiarme a la fe en Jesús. En uno de sus últimos mensajes de texto para mí desde el hospital dijo: «Buenas noches, hijo mío, hermano y coheredero». Ha sido un tiempo doloroso. En los momentos de intenso dolor y tristeza, a veces lo único que he podido exclamar es «¡Padre!». Aun así, ha sido de gran aliento para mí saber que, al hacerlo, no solo es mi propia lucha y esfuerzo por buscar a mi Padre celestial. Es más bien lo contrario. Cuando clamo «¡Padre!», es el Padre mismo que me busca por medio del Espíritu, recordándome que en Jesús yo soy su hijo amado, y acogiéndome de nuevo en sus brazos.

¿Sentimientos?

La obra del Espíritu en nosotros no necesariamente produce un sentimiento de serenidad o calma. No siempre hay una efusiva experiencia emocional cuando alabas a Dios, aunque puede que la sientas.

La palabra que se traduce «clamar» en Gálatas 4:6 y Romanos 8:15 es una palabra fuerte. Es el clamor que expresa un niño cuando se cae, cuando lo muerde un perro, cuando está perdido. Es el tipo de clamor que hace que un Padre corra en su ayuda. La frase ¡*Abba*, Padre! solo se usa una vez más en el Nuevo Testamento: en los labios de Jesús en Getsemaní cuando sudaba sangre frente al prospecto de la cruz. ¡*Abba*, Padre! no se trata solamente de besos y mimos.

Hace poco, mi hija de 19 años (habla Tim) cuidaba al hijo de una amiga. Yo estaba trabajando arriba cuando escuché un grito lastimero y undulante: «¡Papiiii!». Era un tono de voz que no había escuchado en muchos años. Corrí al primer piso y descubrí que el pequeño de dos años había vomitado encima de Katie. Mi hija de 19 años, que es una jovencita muy independiente, por lo general no piensa que necesite a su papá. Sin embargo, ¡en esta situación estaba desesperada por recibir mi ayuda! Este clamor de ayuda a un padre es lo que Pablo quiso decir.

Russell Moore describe cómo lo impresionó el silencio terrible y penetrante del orfanato ruso. Los niños aprendían a no llorar cuando nadie venía por ellos, cuando nadie se interesaba por ellos. Durante una semana, Russell Moore y su esposa jugaron con sus dos futuros hijos. Les leyeron historias, les cantaron canciones, los abrazaron, los amaron. Y cada noche ellos se iban, dejando atrás ese silencio estremecedor. Entonces llegó el último día antes de irse. Tenían que regresar a los Estados Unidos para completar las formalidades legales antes de que los niños pudieran ser parte de su familia. Y Russell Moore sintió que debían regresar. Regresó al orfanato, y citando las palabras de Jesús, les dijo: «No os dejaré huérfanos; vendré a vosotros». Y mientras iban saliendo del lugar, escucharon que uno de sus hijos gritó. El grito de un pequeño de un año: sin palabras, lleno de enojo y desesperación. Y Russell Moore dice que ese fue el sonido más terrible y más hermoso que escuchó jamás. Atravesó su corazón, pero fue el clamor de un hijo por su padre. Con ese clamor de angustia ese huérfano se convirtió en un hijo.[2]

La adopción no es una noción sentimental. Frente a los sufrimientos de la vida, el Espíritu nos impulsa a clamar: ¡*Abba*, Padre! Es el clamor de una hija en Haití cuando llora con un pequeño herido en sus brazos en una ciudad en ruinas. Es el clamor de un hijo cuando siente el dolor de un hermano que abandona la familia. Es el clamor de cada hijo de Dios que ruega que Él ponga fin al sufrimiento en este mundo.

Clamamos a Dios porque sabemos que tenemos un Padre. Aun cuando no se siente cercano, sabemos que Él está allí y nos escucha. Aun cuando no logramos encontrar las palabras para expresarnos, el Espíritu intercede por nosotros.

Y de igual manera el Espíritu nos ayuda en nuestra debilidad; pues qué hemos de pedir

2. Russell Moore, «Adoption and the Renewal of Creation», Together For Adoption Conference 2009, togetherforadoption.org.

como conviene, no lo sabemos, pero el Espíritu mismo intercede por nosotros con gemidos indecibles (Romanos 8:26).

Escuchar al Espíritu

A pesar de lo anterior, es posible volverse insensible o menos consciente del impulso del Espíritu en nuestro corazón. Es posible que terminemos actuando más como empleados de Dios que como sus hijos. Eso fue lo que le sucedió a los gálatas. Habían perdido su gozo (4:15). ¿Por qué? Porque habían sido engañados para creer que tenían que ganarse su relación con Dios. Estaban regresando a la ley (4:8-11). Se estaban volviendo sordos al Espíritu.

A veces pongo música en mi estudio para disminuir el ruido del resto de la casa y no distraerme mientras trabajo. Cada día hay ruidos que nos distraen y que interfieren con nuestra comunión con nuestro Padre. El grito del mundo diciéndonos que necesitamos lo que nos ofrece para ser verdaderamente felices. El grito del pecado diciéndonos que somos demasiado culpables para ser llamados hijos de Dios. El grito de la ley diciéndonos que tenemos que cumplir con todo si queremos conocer el favor del Padre.

Es necesario que aislemos todas esas voces y sintonicemos nuestros corazones con el impulso del Espíritu. Tenemos que pedir al Espíritu que nos ayude a gozar de la libertad plena de ser los amados hijos del Padre. Necesitamos leer la Biblia pidiéndole al Espíritu que nos hable a través de ella. Gálatas 4:4-7 es un excelente punto de partida. Memoriza estas palabras para ponértelas como unos audífonos que bloquean el ruido distractor de las voces falsas del mundo a nuestro alrededor.

Durante los últimos días de vida de mi madre, ella luchó por poder respirar. Habíamos leído Romanos 8:15-17, uno de sus pasajes predilectos. Mientras inhalaba en una respiración entrecortada, susurraba la palabra *«¡Abba!»*. Y cuando exhalaba susurraba «¡Padre!». La unidad de cuidados intensivos estaba llena de máquinas que producían toda clase de ruidos, había enfermeras que entraban y salían, pacientes circulando. Alrededor de ella había muerte y enfermedad por doquier. Pero ella estaba allí, como una hija dependiente, clamando a su Padre, mientras el Espíritu le recordaba que estaba segura en Cristo. Y así murió, aguardando la plenitud de lo que había experimentado, sabiendo que era una amada hija de su Padre. Y esa es la obra del Espíritu.

¿Deberíamos orar al Espíritu?

El modelo normal de oración en el Nuevo Testamento es orar *al* Padre *por medio del* Hijo *con la ayuda del* Espíritu Santo. Pero como Jesús y el Espíritu son Dios, podemos orar a ambos.

De modo que nuestra práctica normal debería ser orar al Padre (siendo conscientes de la mediación del Hijo y de la ayuda del Espíritu). No obstante, también puede ser de ayuda en ocasiones orar al Espíritu para afirmar el papel específico que juega en nuestra vida y para despertar nuestra expectativa de su obra.

Capítulo 4

El Espíritu de verdad

Juana estaba molesta. Había estado luchando durante muchos años por organizar su trabajo de alguna manera. Su horario excedía su capacidad y la cantidad de viajes la dejaba exhausta. Casi nunca lograba asistir a las reuniones de iglesia entre semana.

Por otro lado, había tenido muchas oportunidades de hablar acerca de su fe con sus colegas de trabajo. Le había pedido a Dios sabiduría, pero todavía no discernía una solución clara. Había pedido el consejo de algunos amigos, pero ellos simplemente le preguntaban qué le decía Dios al respecto. Lo que le molestaba era que a su modo de ver sus amigos eran demasiado espirituales. Dios no habla así en nuestros días, ¿o sí?

1. El Espíritu ha hablado

Jesús hace una promesa extraordinaria en Juan 16:13-14:

> Pero cuando venga el Espíritu de verdad, él os guiará a toda la verdad; porque no hablará por su propia cuenta, sino que hablará todo lo que

oyere, y os hará saber las cosas que habrán de venir. El me glorificará; porque tomará de lo mío, y os lo hará saber.

¿Para quién es esa promesa?

En un sentido, es para todos los creyentes. El Espíritu guía a los creyentes a toda verdad, les revela la gloria de Dios y nos da a conocer a Cristo. Pero en otro sentido es una promesa con un significado especial para los primeros discípulos. Jesús promete que el Espíritu Santo les ayudará a ellos (y a quienes estén bajo su supervisión) a escribir un relato fidedigno acerca de Jesús. El Espíritu les dará todo lo que necesitan para escribir el Nuevo Testamento.

Entonces, ¿por qué Juan no incluyó esto en su Evangelio? ¿Por qué es importante para nosotros oír esta promesa que Jesús hizo a sus apóstoles? Porque Jesús quería que tuviéramos la confianza de que no se trata de una simple colección de recuerdos personales, sino del reporte directo del Espíritu Santo acerca de quién es Jesús y de la obra que vino a llevar a cabo.

Jesús es la «Palabra» de Dios (Juan 1:1-2). Él es Dios revelado a nosotros en toda su gloria. Y el Nuevo Testamento es el testimonio del Espíritu de esa Palabra. Cuando los escritores del Nuevo Testamento escribieron la historia de Jesús en los Evangelios y explicaron la historia en las epístolas, el Espíritu Santo los guio «a toda verdad». Como resultado, podemos tener la confianza plena de que cada palabra del Nuevo Testamento es el testimonio de Dios mismo acerca de Jesús, la Palabra encarnada.

Lo mismo es cierto del Antiguo Testamento. Hebreos introduce uno de los salmos de David con las palabras: «como dice el Espíritu Santo» (Hebreos 3:7). La Biblia entera fue escrita por medio del Espíritu Santo. Pablo dice en 2 Timoteo 3:16-17: «Toda la Escritura es inspirada». La palabra griega para «Espíritu» y «soplo» son la misma. De modo que Pablo está diciendo que todo el Antiguo Testamento fue «dictado por el Espíritu» como un soplo de Dios. El resultado está en la Biblia. En la Biblia, Dios Padre se revela a Sí mismo en su Hijo por medio del Espíritu Santo. De manera que, cuando leemos la Biblia, podemos tener la confianza plena de que oímos la voz de Dios.

El Espíritu ha inspirado cada parte de la Escritura

Pablo dice: «Toda la Escritura es inspirada por Dios, y útil para enseñar» (2 Timoteo 3:16). Cada parte de la Biblia, incluso esos apartes en los que Pablo le pide a Timoteo traer su capote (2 Timoteo 4:13). Dios no solo nos habla a través de las palabras de Jesús (como parecen sugerir algunas versiones de la Biblia con letra roja). Toda la Escritura es la palabra de Cristo hablada por medio del Espíritu. Hay diferentes tipos o géneros de literatura en la Biblia que necesitan un manejo diferente, pero toda fue inspirada por Dios por medio del Espíritu.

El Espíritu ha hablado cada palabra de la Escritura

Algunas personas han afirmado que las verdades de las Escrituras son inspiradas por el Espíritu, pero no las palabras como tales. Sin embargo, eso no es lo que la Biblia dice acerca de ella misma. La Biblia termina con una advertencia acerca de no alterar las palabras de la Escritura (Apocalipsis 22:18-19). No podemos escoger lo que nos gusta y dejar a un lado otras partes de las Escrituras. Cada palabra es una palabra que viene de Dios y está revestida de autoridad.

El Espíritu ha hablado por medio de autores humanos

Hebreos 3:7 dice que el Espíritu Santo habló las palabras del Salmo 95. Luego, en el versículo 4:7, el escritor dice que fue David quien escribió ese salmo. Pues bien, ¿fue David o fue el Espíritu quien escribió el Salmo 95?

La respuesta es *los dos*.

La Biblia fue escrita por autores humanos, pero el Espíritu garantizó que cada palabra que escribieron fue la palabra misma de Dios. Ellos no escribieron en algún trance. Podemos percibir sus personalidades y estilos particulares. Con todo, «hablaron siendo inspirados por el Espíritu Santo» (2 Pedro 1:21).

Más de 40 autores con diferentes personalidades escribieron 66 libros diferentes en culturas muy diferentes en un lapso de unos 1.500 años, usando muchos estilos literarios diferentes. Con todo, lo que escribieron relata sistemáticamente una gran historia: la historia de Jesucristo, el Salvador y Rey del mundo. ¿Cómo es posible tal cosa? Es posible porque el Espíritu de verdad estaba hablando a través de cada uno de ellos.

El Espíritu ha hablado y el resultado es la Biblia, la palabra final de Dios, revestida de autoridad, acerca de Jesús, la Palabra encarnada.

2. El Espíritu habla hoy

Así pues, el Espíritu garantiza que la revelación de Dios ha sido comunicada en la Biblia. Pero eso no es suficiente. Él tuvo que obrar en los corazones de los escritores humanos para asegurarse de que lo que escribían fuera palabra de Dios. De igual manera, tiene que obrar en los corazones de los lectores para garantizar que nosotros oigamos lo que ellos escribieron como palabra de Dios. La revelación objetiva de Dios no es suficiente, porque nuestros corazones son sordos a las palabras de Dios.

Si fuéramos dejados a nuestra suerte, bloquearíamos la voz de Dios en nuestra vida.

> Pero el hombre natural no percibe las cosas que son del Espíritu de Dios, porque para él son locura, y no las puede entender, porque se han de discernir espiritualmente (1 Corintios 2:14).

No obstante, en su gracia, Dios nos ha dado el Espíritu para que podamos recibir su palabra como las palabras de Dios mismo.

> Porque ¿quién de los hombres sabe las cosas del hombre, sino el espíritu del hombre que está en él? Así tampoco nadie conoció las cosas de Dios,

> sino el Espíritu de Dios. Y nosotros no hemos recibido el espíritu del mundo, sino el Espíritu que proviene de Dios, para que sepamos lo que Dios nos ha concedido (1 Corintios 2:11-12).

No es solo que el Espíritu nos ayude a entender lo que Dios habló en el pasado. Eso de por sí es absolutamente maravilloso. Pero hay más. Hebreos 3:7 introduce esta cita del Salmo 95 con las palabras: «como dice el Espíritu Santo: si oyereis hoy su voz...». ¿Te das cuenta del tiempo verbal que usa el salmista? Usa el tiempo presente. «Como dice el Espíritu Santo». El Espíritu no solo ha hablado antes. Él habla hoy a través de la Palabra de Dios.

Cuando lees una autobiografía, logras comprender un poco la mente del autor. Con todo, difícilmente podrías asegurar que lo conoces o que tienes una relación con él. De la misma forma, la Biblia es un libro acerca de Dios, escrito por Dios. Pero eso no es suficiente para darnos una relación con Dios. Solo podemos tener una relación con Dios si Él en verdad nos habla. Hoy.

Anhelamos que Dios nos diga que nos ama, que nos haga partícipes de sus planes, que derrame su amor sobre nosotros, que susurre en nuestros oídos. ¡Y eso es lo que hace el Espíritu! El Espíritu nos habla por medio de la Biblia. La Biblia no es solo una colección de historias y de hechos acerca de Dios. Es el medio que usa el Espíritu para hablarnos y, por ende, relacionarse con nosotros. Hebreos 4:12-13 dice: «la palabra de Dios es viva y eficaz». ¡Es casi como si pudieras ponerla en tu oído y escucharla latir! La Palabra de Dios cobra vida cuando la leemos con la ayuda del Espíritu que da vida.

De modo que si quieres oír de Dios, estudia tu Biblia. Juan Calvino dijo:

> *... el Espíritu Santo está de tal manera unido y ligado a Su verdad, manifestada por Él en las Escrituras, que justamente Él descubre y muestra su potencia, cuando a la Palabra se le da la reverencia y dignidad que se le debe.*[1]

Si quieres experimentar el poder del Espíritu, lee la Biblia con gran expectativa, escucha a quienes la enseñan de manera fidedigna y úsala para animar a otros. Y pide al Espíritu que te hable. No leas la Biblia solo para aprender más acerca de Dios. Acércate a las Escrituras dispuesto a escuchar un mensaje personal de Dios para ti. Cuando escuches la enseñanza en la iglesia, pide al Espíritu que te muestre lo que necesitas ver acerca de Jesús. Cuando estés leyendo la Biblia por cuenta propia, ora: «Espíritu Santo, ¿qué quieres decirme hoy?».

Eso no significa que siempre debamos esperar una gran experiencia emocional. Pero sí debemos esperar que el Espíritu Santo saque a la luz nuestro pecado y nutra nuestro amor por Cristo. ¿Por qué? ¡Porque el Espíritu ama glorificar a Cristo tomando lo que es de Él para hacerlo nuestro!

---

1. Juan Calvino, *Institución de la religión cristiana*, 1.9.3.

3. El Espíritu guía

La ley del Antiguo Testamento estableció reglas para toda clase de situaciones. «Si pasa esto, hagan esto; si pasa lo otro, hagan aquello». Por ejemplo, Éxodo 21:28 dice: «Si un buey acorneare a hombre o a mujer, y a causa de ello muriere, el buey será apedreado, y no será comida su carne; mas el dueño del buey será absuelto». Los teólogos llaman esto ley casuística o jurisprudencia. Esta ley ordena cómo hay que proceder en una situación específica.

Sin embargo, en el Nuevo Testamento encontramos muy pocas leyes de ese tipo. Y eso es sorprendente, porque los primeros creyentes intentaban vivir con Jesús como Señor en un imperio que les dictaba que César era señor. Ellos tenían muchas preguntas acerca de cómo comportarse en situaciones complicadas. ¿Por qué no hay más indicaciones en el Nuevo Testamento acerca de cómo actuar en circunstancias específicas?

Pablo nos da una pista en Romanos 12:1-2:

> Así que, hermanos, os ruego por las misericordias de Dios, que presentéis vuestros cuerpos en sacrificio vivo, santo, agradable a Dios, que es vuestro culto racional. No os conforméis a este siglo, sino transformaos por medio de la renovación de vuestro entendimiento, para que comprobéis cuál sea la buena voluntad de Dios, agradable y perfecta.

En este pasaje, Pablo insta al pueblo de Dios a llevar vidas radicales de servicio a Dios. Les manda «comprobar cuál sea la buena voluntad de Dios». Tienen que descubrir cómo quiere Dios que vivan. Sin embargo, Pablo no les dicta una jurisdicción para ayudarles a cumplirlo. En lugar de eso, les dice: «Transformaos por medio de la renovación de vuestro entendimiento». Ellos conocerán la voluntad de Dios en la medida en que renuevan sus mentes. Pero, ¿cómo puede un cristiano renovar su mente? Tito 3:4 nos dice que esta «renovación» es obra del Espíritu. El Espíritu guía al pueblo de Dios.

El Espíritu cambia nuestra perspectiva para hacernos sabios

Conforme el Espíritu nos enseña de la Palabra de Dios, empezamos a ver el mundo desde la perspectiva de Dios. Somos capaces de «comprobar la buena voluntad de Dios». Empezamos a ver nuestro dinero a la luz de la generosidad de Dios, de manera que somos capaces de tomar decisiones piadosas acerca de qué hacer con ese dinero. Vemos nuestro tiempo a la luz de las prioridades de Dios, de tal modo que somos capaces de tomar decisiones piadosas acerca de cómo aprovecharlo mejor. Esto no sucede de un momento a otro. Antes bien, en el transcurso de nuestras vidas, el Espíritu transforma nuestras mentes para ver las cosas como Dios las ve.

El Espíritu nos guía en situaciones específicas

En muchas situaciones, las decisiones que enfrentamos no son del tipo «correcto» o «incorrecto».

¿Dedico mi tiempo a limpiar o a hablar con mi vecino? ¿Qué debo pedir en oración por mi amigo? ¿Qué debo decir en esta situación? A veces, el Espíritu nos guía de manera específica en esas situaciones.

Hace unas semanas, Laura, mi esposa (habla Chris), llevaba a uno de nuestros hijos a una fiesta un sábado por la tarde. Ella decidió que no se quedaría en la fiesta porque tenía que preparar algunas cosas para las personas que había invitado a comer en la noche. Pero cuando llegó a la fiesta, se dio cuenta de que la señora encargada no tenía muchos ayudantes. Se sintió movida por el Espíritu para ayudarle, aun cuando tenía muchas otras labores pendientes en la casa. Esto propició excelentes oportunidades para comunicar el evangelio a otros padres. Y cuando ella regresó a casa, descubrió que, mientras ella estaba en la fiesta, yo había tenido tiempo disponible para preparar lo que hacía falta para nuestros invitados.

El Espíritu puede impulsarnos a orar por ciertas cosas. Puede poner en nosotros el deseo de servir de ciertas maneras. Puede guiarnos a hablar con ciertas personas, así como guio a Felipe a hablar con el eunuco etíope en Hechos 8:26-40. Hay diferentes maneras como los diferentes creyentes hablan acerca de esta obra del Espíritu: «Dios me impulsó». «El Espíritu me guio». «Recibí una palabra de conocimiento». «Dios me llamó». «Mientras el predicador hablaba, sentí que Dios me hablaba a mí». «Dios trajo un versículo a mi mente». «Sentí una carga en mi corazón».

«Recibí una profecía». Sin importar cuáles sean las palabras que usemos para describirlo, a menudo nos referimos a lo mismo: el Espíritu de Dios que guía al pueblo de Dios.

¿Qué significa esto para nosotros? No significa que tengamos que esperar el impulso del Espíritu para empezar a servir a Jesús. A veces los cristianos pueden esperar que el Espíritu los guíe. Pero el Espíritu siempre ha hablado en la Biblia y la Biblia nos da todo lo que necesitamos para llevar vidas piadosas para la gloria de Jesús. Es aún más importante que reconozcamos que el Espíritu nunca nos va a guiar a hacer algo que sea contrario a lo que ya ha revelado en las Escrituras.

En cambio, esto sí deja claro que debemos ser sensibles al impulso del Espíritu. «Señor, por favor muéstrame en qué debo invertir mi tiempo hoy». «Muéstrame cómo amar a esta persona». «¿Cómo debo orar por esta situación?». «¿Qué debería decirle a esta persona?».

Recuerda lo que Jesús dijo acerca del Espíritu Santo: «El me glorificará; porque tomará de lo mío, y os lo hará saber» (Juan 16:14). El Espíritu ama glorificar a Jesús tomando la verdad de Jesús para revelarla a nosotros. Por eso habló la verdad de Dios en las Escrituras. Por eso nos habla hoy a través de las Escrituras. Y por eso guía al pueblo de Dios a llevar vidas que glorifiquen al Hijo.

¿Qué es el don de profecía y sigue vigente en la actualidad?

El don de profecía en el Nuevo Testamento es diferente de la profecía del Antiguo Testamento. Pablo dice que la iglesia está edificada «sobre el fundamento de los apóstoles y profetas» (Efesios 2:20). El equivalente de la profecía del Antiguo Testamento es el testimonio apostólico registrado en el Nuevo Testamento. Los profetas del Antiguo Testamento y los apóstoles del Nuevo Testamento comunicaron la palabra de autoridad de Dios a su pueblo. A diferencia del Antiguo Testamento, la profecía del Nuevo Testamento debe ser examinada y probada (1 Tesalonicenses 5:19-22).

Algunas personas piensan que la profecía ya no existe en la actualidad. Creen que fue reemplazada por el Nuevo Testamento al ser completado. Dicen que hablar acerca de profecía en la actualidad resulta confuso porque podría llevar a las personas a esperar algo equivalente en la Escritura. A veces las personas citan 1 Corintios 13:8-10 para argüir que la profecía y las lenguas cesarán cuando venga «lo perfecto».

Otras personas no ven que haya algo en el Nuevo Testamento que sugiera que no habrá más profecía. Creen que «lo perfecto» que menciona 1 Corintios 13 es una referencia al regreso de Cristo. Puede que sea cierto que debamos esperar más profecía en lugares donde la Palabra de Dios no está disponible (lo cual incluye el período antes de completarse la

Biblia e incluso las fronteras de la misión actual), pero Dios sigue obrando por medio del Espíritu para fortalecer a su iglesia.

Una pregunta clave es: *¿Qué es profecía en el Nuevo Testamento?*

Al parecer, la naturaleza de la profecía consiste en aplicar la Palabra de Dios a una situación particular. De modo que está íntimamente conectada con la Palabra de Dios en la Biblia, aunque también comprende la aplicación de esa palabra a situaciones específicas. Pablo dice que debemos procurar los dones espirituales, especialmente el de profecía, porque «el que profetiza habla a los hombres para edificación, exhortación y consolación» (1 Corintios 14:1, 3). A veces eso significa predecir el futuro (como en el caso de Agabo en Hechos 11:27-30). Pero en términos generales, la profecía aplica la verdad al corazón de las personas para que puedan ser fortalecidas, animadas y consoladas.

La mayoría de dones del Nuevo Testamento son también deberes. Hay evangelistas, pero todos estamos llamados a evangelizar. Lo mismo es cierto con respecto al cuidado pastoral, la enseñanza, el ejercicio de la fe y demás. De igual manera, todos estamos llamados a hablar «la verdad en amor» entre nosotros (Efesios 4:11, 15), si bien algunos tienen un don particular para aplicar la Palabra de Dios a la vida de las personas. Este es el don de profecía.

A veces esto puede suceder por medio de la predicación, cuando se siente como que las palabras se aplican a ti específicamente. Puede que sientas como si el predicador conociera detalladamente tu vida en ese preciso momento.

Algunas personas tienen el don especial de aplicar con gran eficacia la Palabra de Dios. Sienten que el Espíritu comunica algo particular a una persona o una iglesia. Puede ser que un amigo diga: «He estado orando por ti y me pregunto si el Señor podría estar usando este problema para enseñarte…». O quizá a veces en una situación pastoral alguien diga algo que va directo a la raíz del verdadero problema subyacente, en lugar de quedarse en las ramas que llevaron a alguien a pedir ayuda.

Hay diferentes tradiciones eclesiales con diferentes maneras de referirse a estas experiencias. Y algunas iglesias se cuidan de hablar de profecía porque puede socavar la autoridad y la suficiencia de la Biblia. Un gran peligro es que las personas empiecen a valorar la profecía por encima de las Escrituras. Así que, sin importar cómo lo llames, todo esto necesita ser considerado como tentativo. Nadie se atrevería a decir: «Esta es la palabra del Señor». La profecía tiene que ser contrastada con las Escrituras y sometida al examen de los líderes de la iglesia (1 Corintios 14:29).

Capítulo 5

El Espíritu de poder

Marcos se sentía inútil. Amaba a Jesús y realmente quería servirle. Y le entusiasmaban las oportunidades que tenía para hablar acerca de Jesús con sus colegas de trabajo. Sin embargo, era su situación en la iglesia lo que lo desanimaba. Todos en su iglesia parecían servir mucho mejor a Jesús.

Juan era un excelente líder de estudios bíblicos. Ángela tenía una capacidad sobresaliente para comunicar su fe con todo ser viviente. Y Pedro podía guiar la adoración con mucho éxito. Marcos no podía hacer ninguna de esas cosas. Él sabía que Jesús había dicho a los discípulos que su poder sería derramado sobre ellos. Pero Marcos se sentía débil. ¿Tenía él realmente el poder del Espíritu?

Jesús promete a sus discípulos:

> Recibiréis poder, cuando haya venido sobre vosotros el Espíritu Santo, y me seréis testigos

en Jerusalén, en toda Judea, en Samaria, y hasta lo último de la tierra (Hechos 1:8).

La vida cristiana es una vida de poder, poder para ser testigos de Jesús hasta los confines de la tierra. Y ese poder viene del Espíritu Santo. ¿Cómo debe funcionar una vida en el poder del Espíritu? Y ¿por qué como cristianos a veces nos sentimos tan débiles?

Jesús en el poder del Espíritu

Tal vez pienses que Jesús era un superhombre que siempre pudo ser autosuficiente. Sin embargo, Lucas lo muestra completamente dependiente del Espíritu Santo. Jesús fue concebido por el poder del Espíritu Santo que obró en la virgen María (Lucas 1:35), y su ministerio público solo empezó hasta que el Espíritu descendió sobre Él en el momento de su bautismo (Lucas 3:22).

A partir del momento de su bautismo, Jesús se entregó a esta obra en el poder el Espíritu. Lucas nos dice que «Jesús, lleno del Espíritu Santo, volvió del Jordán, y fue llevado por el Espíritu al desierto» (Juan 4:1). Luego, «Jesús volvió en el poder del Espíritu a Galilea» (Lucas 4:14). Anunció el comienzo de su ministerio público declarando: «El Espíritu del Señor está sobre mí, por cuanto me ha ungido para dar buenas nuevas a los pobres» (Lucas 4:18).

El significado literal de la palabra «Cristo» es «Ungido». David fue ungido con aceite como rey de Israel. Jesús fue ungido con el Espíritu Santo (Isaías 11:2; 61:1-2). Lucas 5:17 nos dice que «el poder del

Señor estaba con él para sanar». Lucas 10:21 dice que Jesús «se regocijó en el Espíritu».

Jesús llevó a cabo todo su ministerio en el poder del Espíritu. Lucas relata cómo Pedro resumió el ministerio de Jesús:

> Dios ungió con el Espíritu Santo y con poder a Jesús de Nazaret, y... éste anduvo haciendo bienes y sanando a todos los oprimidos por el diablo, porque Dios estaba con él (Hechos 10:38).

Incluso en su muerte y resurrección, Jesús dependió de la ayuda del Espíritu:

> ¿Cuánto más la sangre de Cristo, el cual mediante el Espíritu eterno se ofreció a sí mismo sin mancha a Dios, limpiará vuestras conciencias de obras muertas para que sirváis al Dios vivo? (Hebreos 9:14).

> Fue declarado Hijo de Dios con poder, según el Espíritu de santidad, por la resurrección de entre los muertos (Romanos 1:4).

En todo su ministerio terrenal, Jesús no hizo nada aparte del poder del Espíritu Santo.

Poder para ser testigos

Cuando los discípulos oyeron a Jesús prometer que recibirían poder cuando el Espíritu Santo descendiera sobre ellos, ¿qué pensaron que esto supondría? Tal vez pensaron en las personas del Antiguo Testamento que recibieron el Espíritu de Dios para poder servir a Dios, como Moisés, Josué, Sansón y David. O quizá pensaron también en el Señor Jesús mismo. El Espíritu capacitó a Jesús para ser el Cristo, el Rey de Dios y Salvador. ¡Ese no es nuestro papel! El Espíritu no nos faculta para hacer eso. En cambio, el Espíritu *sí* nos capacita para llevar a cabo el papel que Dios nos asignó: *dar testimonio de Jesús el Cristo.*

Los discípulos no eran un grupo de personas extraordinarias. Todos abandonaron a Jesús cuando las cosas se pusieron difíciles. Pedro negó incluso que conocía a su Maestro cuando una humilde sierva lo acusó de estar con Jesús.

Entonces todo cambió el día de Pentecostés. El mismo Pedro que lo había negado habló delante de una gran multitud para mostrarles que Jesús era el Cristo prometido. Como resultado, 3.000 personas fueron bautizadas. No fue mucho antes de que Pedro y Juan fueran encarcelados y juzgados. Esto fue lo que sucedió:

> Entonces Pedro, lleno del Espíritu Santo, les dijo: Gobernantes del pueblo, y ancianos de Israel... en ningún otro hay salvación; porque no hay otro nombre bajo el cielo, dado a los hombres, en que podamos ser salvos (Hechos 4:8, 12).

¿Qué sucedió? ¡El Espíritu Santo! Dios había dado su

Espíritu para capacitar a su pueblo. Ahora los discípulos estaban llenos para avanzar sin límites en el Espíritu de Cristo. Cristo mismo ha venido a morar en ellos por el Espíritu, de modo que ahora pueden hablar de Cristo con denuedo.

¿Cómo transforma el Espíritu a las personas tímidas para que tengan tanto valor? De la misma manera como hace todo lo que hace: ¡permitiéndoles experimentar la realidad de la verdad de Jesús al punto que no pueden dejar de hablar acerca de Él!

Pero, ¿qué debo hacer si siento que no tengo el valor para hacerlo? La oración es un excelente punto de partida. Cuando a los discípulos les prohibieron predicar acerca de Jesús, ellos oraron para recibir valor continuo. Esto leemos:

> Cuando hubieron orado, el lugar en que estaban congregados tembló; y todos fueron llenos del Espíritu Santo, y hablaban con denuedo la palabra de Dios (Hechos 4:31).

Pero, ¿qué debes hacer cuando se presenta la oportunidad para hablar acerca de Jesús y tú no sientes el valor para hacerlo? No existe una fórmula mágica. Empieza a hablar y el Espíritu hará lo demás. Experimentamos la presencia del Espíritu que nos capacita cuando la necesitamos. Jesús dice:

> Cuando os trajeren a las sinagogas, y ante los magistrados y las autoridades, no os preocupéis

> por cómo o qué habréis de responder, o qué habréis de decir; porque el Espíritu Santo os enseñará en la misma hora lo que debáis decir (Lucas 12:11-12).

Algunos nunca hemos experimentado la presencia del Espíritu que nos capacita, porque evitamos las situaciones en las que necesitamos depender del poder del Espíritu.

Poder para ser siervos

Tal vez sientas que no tienes un papel en tu iglesia o que otras personas son mucho más capaces que tú. La Biblia dice que el Espíritu capacita a cada cristiano con el propósito de que contribuya a la vida de la iglesia. Así lo explica Pablo en 1 Corintios 12:4-11:

> Ahora bien, hay diversidad de dones, pero el Espíritu es el mismo. Y hay diversidad de ministerios, pero el Señor es el mismo. Y hay diversidad de operaciones, pero Dios, que hace todas las cosas en todos, es el mismo. Pero a cada uno le es dada la manifestación del Espíritu para provecho. Porque a éste es dada por el Espíritu palabra de sabiduría; a otro, palabra de ciencia según el mismo Espíritu; a otro, fe por el mismo Espíritu; y a otro, dones de sanidades por el mismo Espíritu. A otro, el hacer milagros; a otro, profecía; a otro, discernimiento de espíritus; a otro, diversos géneros de lenguas; y a otro,

> interpretación de lenguas. Pero todas estas cosas las hace uno y el mismo Espíritu, repartiendo a cada uno en particular como él quiere.

Tu iglesia te necesita

Cada uno de nosotros, incluso tú, ha recibido «una manifestación del Espíritu» para la edificación de la iglesia. El Espíritu Santo te ha dado dones específicos para que los uses para servir en tu iglesia. *Y eso significa que tu iglesia te necesita.*

Pablo se imagina un cuerpo en el cual un pie ve la destreza de una mano y dice: «Porque no soy mano, no soy del cuerpo». O una oreja que dice: «Porque no soy ojo, no soy del cuerpo». Puede que no sean una mano o un ojo, pero los cuerpos necesitan pies y orejas. «Si todo el cuerpo fuese ojo, ¿dónde estaría el oído? Si todo fuese oído, ¿dónde estaría el olfato? Mas ahora Dios ha colocado los miembros cada uno de ellos en el cuerpo, como él quiso» (1 Corintios 12:15-18).

Dios ha equipado a su pueblo con diferentes dones para que puedan funcionar juntos. Somos como un cuerpo con todos sus diferentes miembros que funcionan en conjunto, o como una orquesta con sus diferentes instrumentos que tocan una melodía sonora. ¿Qué armonía quedaría si todos fueran primeros violines? Dios te dio capacidades porque Él sabía que tu iglesia necesitaría esas capacidades.

¿Debemos esperar que se repita el Pentecostés?

Algunas personas creen que debemos esperar tener experiencias como el Pentecostés. Ciertamente en Hechos hay algunos sucesos muy similares al Pentecostés: en Samaria (Hechos 8:14-17), en Cesarea (Hechos 10:44-48) y en Éfeso (Hechos 19:1-7).

En el contexto de la historia bíblica es difícil pasar por alto la importancia *única* del Pentecostés. Pedro mismo explica este suceso como el cumplimiento de la profecía de Joel del derramamiento del Espíritu sobre todo el pueblo de Dios (Hechos 2:14-21). El Pentecostés marca el paso del antiguo pacto al nuevo pacto, y bajo el nuevo pacto todo el pueblo de Dios experimenta al Espíritu que vive en ellos todo el tiempo (Jeremías 31:31-34; Ezequiel 36:25-27). En Pentecostés, los discípulos se convirtieron en creyentes del nuevo pacto, en el cual el Espíritu Santo no solo *obra* en *ellos* para darles fe, sino que *vive en ellos* para revestirlos del poder para llevar a cabo la misión. A partir de ese momento, todos los nuevos creyentes recibirían el nuevo nacimiento por medio del Espíritu, y el Espíritu moraría en ellos desde el principio.

Entonces, ¿cómo podemos entender las experiencias que se vivieron en Samaria, en Cesarea y en Éfeso?

Tenemos que recordar que Hechos está enmarcado en el mandato de Jesús en Hechos 1:8: «recibiréis poder, cuando haya venido sobre vosotros el Espíritu Santo, y me seréis testigos en Jerusalén, en toda Judea, en Samaria, y hasta lo último de la tierra».

Los sucesos en Samaria y en Cesarea son la primera vez que el evangelio avanza en Judea y Samaria, y luego más allá de Palestina hasta los confines de la tierra. Estos derramamientos extraordinarios del Espíritu son un eco de Pentecostés, y confirman el alcance del evangelio por fuera de los límites del judaísmo. Así lo explica Pedro en Hechos 11:15-17. Graham Cole comenta: «Son la extensión de Pentecostés, no el Pentecostés como paradigma [i.e. como un modelo a seguir]».[1]

El episodio de Éfeso es diferente. Existen razones de peso para creer que estas personas no eran en absoluto cristianas. Son llamadas «discípulos», pero solo sabían acerca del bautismo de Juan. Cuando Pablo se entera de que no han oído acerca del Espíritu Santo, les predica a Cristo (no al Espíritu). Sin duda él también habló acerca del Espíritu Santo, pero les predicó el evangelio para que pudieran volverse a Cristo. Después que se volvieron a Cristo, también recibieron en ese momento al Espíritu Santo.

Tú necesitas a tu iglesia

Este principio de dependencia mutua funciona en ambas direcciones. Nadie puede decir que no necesita a otros en la iglesia. Pablo dice que eso sería como si un ojo le dijera a la mano: «¡No te necesito!» (1 Corintios 12:21-26). El simple hecho de que una mano no pueda ver no significa que no tenga un papel importante. El simple hecho de que otros

1. Graham A. Cole, *He Who Gives Life: The Doctrine of the Holy Spirit* (Wheaton: Crossway, 2007), p. 196.

miembros no puedan hacer lo que tú puedes hacer no significa que tú no los necesites. El Espíritu Santo les ha dado capacidades que tú necesitas en tu vida y en tu ministerio.

Una congregación verdaderamente espiritual no es aquella en la que pocas personas ejercitan unos dones espectaculares. Antes bien, es la congregación donde la hermosa diversidad de los dones del Espíritu en medio de su pueblo funciona en su conjunto. Ninguno tiene que sentirse inferior. Ninguno puede darse el lujo de sentirse superior. Nos necesitamos los unos a los otros.

Pablo nos presenta tres listas diferentes de dones en Romanos 12:6-8, en 1 Corintios 12:7-11 y en 1 Corintios 12:27-31. Todas son diferentes, de modo que ninguna es una lista definitiva. Incluyen lo espectacular y lo cotidiano. A veces los cristianos no están de acuerdo respecto a lo que significan exactamente algunos de estos dones. Pero esto pierde de vista lo esencial. El punto que Pablo quiere señalar es que un don espiritual es todo aquello que el Espíritu usa para edificar la iglesia en Cristo.

¿Cómo puedo servir a mi iglesia en el poder el Espíritu? Ninguna de las listas de los dones del Espíritu que encontramos en el Nuevo Testamento incluye una exhortación individual a ejercitar los dones y a usarlos. Ese no es el punto. El punto central de esas listas es que debemos apreciar la diversidad en la iglesia y no desear ser como otros, ni desear que otros sean como nosotros. Nuestro llamado es a servir al cuerpo de Cristo, pidiendo al Espíritu que nos capacite para ser útiles.

Así que busca oportunidades para servir. Es posible que te llamen a realizar tareas para las cuales estés capacitado (en otras palabras, aquellas para las cuales el Espíritu te ha dotado). Pero lo importante es que tengas una actitud de servicio. No digas: *No voy a hacer eso porque ese no es mi don*. Los dones del Espíritu no son dados para nuestra realización personal, sino para edificar al cuerpo. De manera que la edificación del cuerpo debe ser nuestro interés principal. Y si eso significa organizar sillas, entonces organiza sillas.

Anímate. ¿Alguna vez has guiado a otro cristiano a leer un pasaje específico de la Biblia? ¿Alguna vez has ayudado a otro cristiano a mudarse, a instalar una repisa, a cualquier otra cosa? ¿Alguna vez has cuidado los hijos de otra persona? ¿Alguna vez has animado a alguien con la verdad del evangelio? ¡Todos estos actos de servicio muestran que el Espíritu está obrando con poder a través de ti!

Conclusión

Sé humilde y dependiente. Si Jesús mismo dependió del Espíritu, ¡cuánto más nosotros debemos depender de Él! ¿Por qué Jesús mandó a sus discípulos que esperaran en Jerusalén hasta que les fuera dado el don del Espíritu (Hechos 1:4)? Porque Él sabía que sin el Espíritu obrando en ellos, nada podrían hacer. Y nosotros tampoco.

Anímate y espera lo mejor. Tal vez te sientas débil. Tal vez te sientas inútil. Puede que no tengas idea de los dones que posees ni cómo el Espíritu te está usando. Sin embargo, anímate y espera lo mejor. *¿Por qué?* Porque el mismo Espíritu que dio el poder a Cristo para cumplir su ministerio está obrando en ti. Así que ora con grandes aspiraciones. Espera que el Espíritu obre a través de ti. El Espíritu que ama glorificar a Cristo vive en ti para darte la capacidad para ser testigo de Cristo y edificar su cuerpo.

¿Tienen vigencia en nuestros días los dones de milagros?

Algunos cristianos piensan que los dones más prodigiosos como los de profecía, hablar en lenguas y sanidad llegaron a su fin cuando se completó el Nuevo Testamento. Otros creen que esos dones siguen hasta hoy sin ninguna alteración.

Parece que incluso en la historia de la Biblia, las señales y los milagros se concentraron en personas clave: profetas en el Antiguo Testamento como Moisés y Elías, y en el Nuevo Testamento en torno a la encarnación de Jesús y el ministerio inicial de sus apóstoles.

Estos dones espectaculares fueron dados con el propósito de confirmar el ministerio de esos hombres y de las palabras que hablaron. De modo que no necesariamente debemos esperar el mismo nivel asombroso de milagros en la actualidad. De hecho, pocas personas hoy aseguran ser capaces de caminar sobre el agua como hizo Jesús en Marcos 6.

No obstante, Dios sigue involucrado en las vidas de sus hijos. Él sigue obrando milagros. El Espíritu ama revelar a Cristo a las personas, así que debemos orar por sanidad y por recibir los dones de sanidad, de lenguas, de interpretación y de profecía.

Estos libros de agradable y fácil lectura explican claramente cómo la Biblia responde a las preguntas que hacen los cristianos.

EDITORIAL
PORTAVOZ

NUESTRA VISIÓN

Maximizar el efecto de recursos cristianos de calidad que transforman vidas.

NUESTRA MISIÓN

Desarrollar y distribuir productos de calidad —con integridad y excelencia—, desde una perspectiva bíblica y confiable, que animen a las personas a conocer y servir a Jesucristo.

NUESTROS VALORES

Nuestros valores se encuentran fundamentados en la Biblia, fuente de toda verdad para hoy y para siempre. Nosotros ponemos en práctica estas verdades bíblicas como fundamento para las decisiones, normas y productos de nuestra compañía.

Valoramos la excelencia y la calidad.
Valoramos la integridad y la confianza.
Valoramos el mérito y la dignidad de los individuos y las relaciones.
Valoramos el servicio.
Valoramos la administración de los recursos.

Para más información acerca de nuestra editorial y los productos que publicamos visite nuestra página en la red: www.portavoz.com.